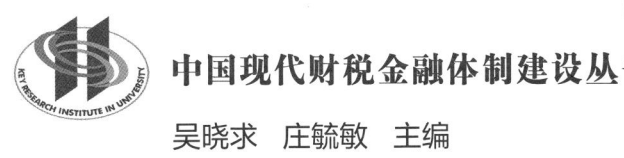

吴晓求 庄毓敏 主编

现代公司治理制度建设

黄继承 著

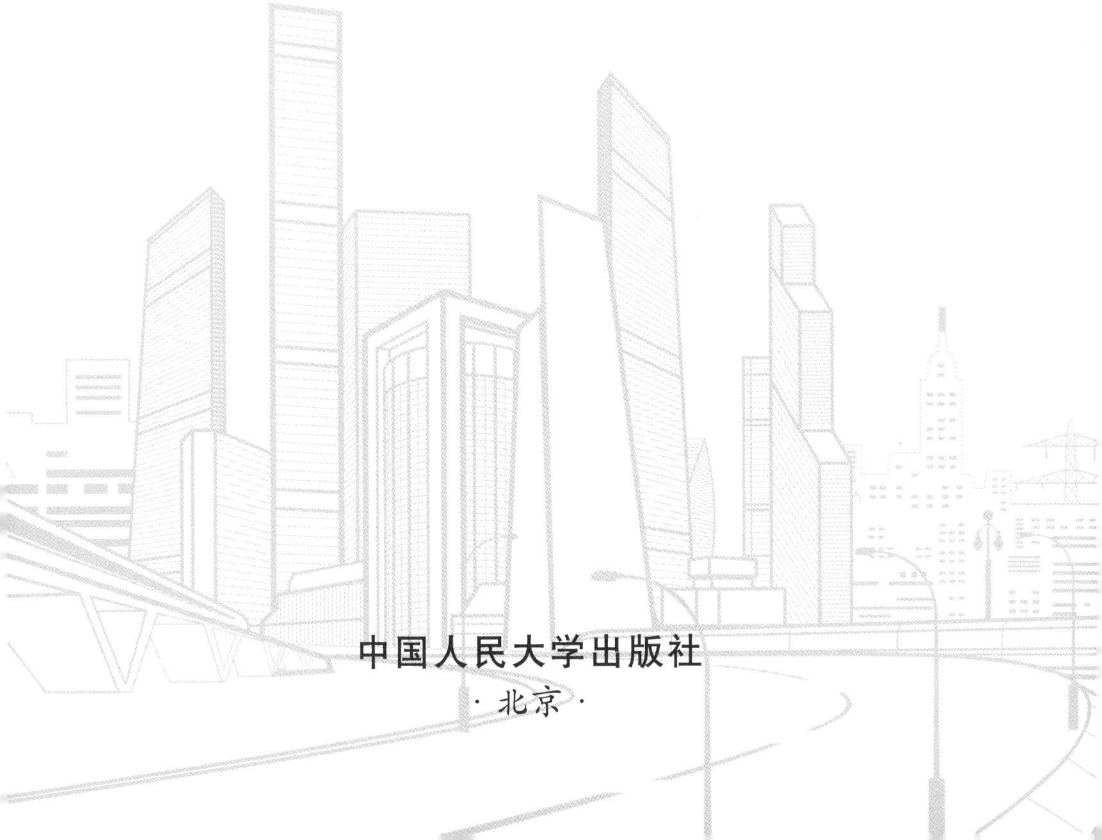

中国人民大学出版社

·北京·

总 序

中国式现代化的经济基础与财政金融的作用[*]

吴晓求

党的十九届五中全会提出要"建立现代财税金融体制",党的二十大报告对中国式现代化的内涵进行了全面而深刻的阐述,凸显了建立现代财税金融体制的重要性。现代财税金融体制建设包含宏微观金融体制建设和财税体制建设。其中,宏微观金融体制建设主要涉及现代中央银行制度、现代货币政策体系、现代宏观审慎政策及监管框架、现代商业银行制度、现代保险制度、现代资本市场、现代公司金融制度以及现代信用风险管理等内容,财税体制建设主要涉及现代预算制度、现代税收制度以及政府间财政关系等内容。中国人民大学财政金融学院组织专家学者对上述问题展开深入研究,形成了"中国现代财税金融体制建设丛书",以期为中国式现代化建设贡献智慧。谨以此文作为这一丛书的总序。

中国式现代化内涵丰富,下面重点从经济和财政金融的角度,对中国式现代化的经济基础和财政金融的作用做一些粗浅的分析。

一、如何理解中国式现代化

党的二十大报告对中国式现代化做了准确而全面的概括:中国式

---

[*] 此文曾发表在 2022 年第 4 期的《应用经济学评论》上,作为本丛书总序,作者对其做了一些增减和修改。

现代化是人口规模巨大的现代化，是全体人民共同富裕的现代化，是物质文明和精神文明相协调的现代化，是人与自然和谐共生的现代化，是走和平发展道路的现代化。同时党的二十大报告强调指出，中国式现代化是中国共产党领导的社会主义现代化，这既体现了国际社会公认的现代化的基本内涵，又体现了中国特色。这同我们所走的中国特色社会主义市场经济发展道路一样：既体现了市场经济的一般原则，具有现代市场经济的基本内涵，又是人类社会探索市场经济发展道路的一种新形式。我们不是模仿、照抄以美国为代表的西方发达国家所走过的市场经济发展道路，而是根据中国国情进行创造性探索。中国式现代化同中国特色社会主义市场经济一样，既体现了国际社会的共识和人类社会的文明成果，又走了一条中国式的发展道路。实践表明，把普遍原理与中国国情相结合，是我们成功的法宝。

中国式现代化体现了中华民族的智慧——勤于学习、善于改造、敢于创新，同时又充分吸收了人类文明的优秀成果。人类文明的优秀成果是我们理论创新的起点。创新不是空穴来风，不是海市蜃楼，而是要以人类对已有文明成果的积累和丰富的实践为基础。中国式现代化这一概念就是基于这样的思考而提出的。

中国式现代化，首先有国际社会一般认知的现代化内涵。国际社会所认知的现代化有多重指标。在这多重指标中有一个核心指标，那就是现代化国家首先应是一个发达国家，是发达国家当然也就是高收入国家。所以，成为高收入国家、发达国家是实现中国式现代化的前提条件。我们要实现中国式现代化，首先就要进入高收入国家行列并成为发达国家。

世界银行、国际货币基金组织等权威国际机构对高收入国家、发达国家都有自己的定义。例如，2021 年世界银行公布的高收入国家的经济指标门槛是人均国民总收入（GNI）12 695 美元，国际货币基金组织公布的发达国家的经济指标门槛是人均国内生产总值（GDP）2 万美元。2021 年中国 GDP 为 114.92 万亿元人民币，按照当时的汇率计算,中国人均 GDP 已达 12 551 美元。2021 年中国人均 GNI 为 11 890 美元,中国居上中等收入国家行列。

国际上现有的发达国家均首先跨越了人均 GDP 这一经济指标的门槛。除此之外,要成为发达国家,还必须达到生态环境、人均预期寿命、教育水平、法制基础、贫富差距、社会公平、创新能力和国际影响力等方面的一系列社会指标标准。所以,中国式现代化的实现过程也就是经济社会全面发展的过程,而不是单一指标的突进。

过去,我们赖以生存的环境包括土壤、空气和水资源都受到了不同程度的污染。改善环境,走绿色发展之路是我们未来面临的艰巨任务。中国人均预期寿命现在处在世界先进行列。自新中国成立以来,我们在这方面取得了举世瞩目的成就。在新中国成立之前,中国人均预期寿命很短,不到 40 岁。那个年代战争频发、经济发展水平低、粮食供应不足、医疗卫生体系落后,人均预期寿命短。2021 年,中国人均预期寿命为 78.2 岁,女性比男性略高。在人均预期寿命这一指标上,中国进入了发达国家行列。虽然人均预期寿命较高,但中国的医疗资源相对短缺,医疗卫生体系相对脆弱。我们要大力改善医疗卫生体系,提升人们的健康水平,让所有人都能得到应有的医疗保障。

我国一直在努力提高教育水平,改善教育条件,但我国的教育状况与中国式现代化的要求还有较大差距。让适龄儿童和青少年接受良好的教育仍然是我国教育面临的最大任务之一。我们要着力改善基础教育,进一步完善义务教育制度,这是实现现代化的重要举措。我们要对农村偏远地区的基础教育加大投入,让每个适龄儿童和少年都能上得起学。

法制建设要进一步改善。自党的十八大以来,中国法制建设取得了长足进步。我国颁布了《中华人民共和国民法典》,这是中国法制建设的重要标志,为保护财产权、保障市场主体的平等地位提供了坚实的法律保障。自党的十八大以来,中国的反腐败行动取得了历史性进步,清洁了社会环境,积极培育和践行社会主义核心价值观。但中国的法制观念、法治化水平与中国式现代化的标准还有较大差距。一些地方乱作为、胡作为的现象时有发生，一些和法律精神相抵触、相背离的政策仍然存在。中国式现代化一定是法制建设的现代化，是法治国家的现代化。

中国式现代化还必须有极强的创新能力。没有创新能力，经济社会就会停滞，经济增长和社会发展就会缺乏源源不断的动力。创新是一个国家现代化的重要保障。世界上有些国家曾经接近、达到甚至超过发达国家的起点标准，但是由于创新能力不足，腐败严重，加上政策严重失误，因而停留在或退回到中等收入国家行列，学术界把这种现象称为"中等收入陷阱"。历史上，在迈向现代化国家的过程中，有些国家要么迈不过去，落入"中等收入陷阱"，要么短期跨越了"中等收入陷阱"，一度成为高收入国家，但在较短时间内又退回到中等收入国家行列。我们要总结这些国家的教训，避免走弯路、进"陷阱"，防止出现它们的失误和曲折。

从历史经验看，创新机制和创新能力对一个国家迈向发达国家极为重要。这里的创新指的是多方面的创新。首先是技术创新。中国要建成现代化国家，经济结构转型和基于技术进步的产业迭代是基本路径。我们不能停留在低端产业，也不可能通过资源型企业把中国带入现代化。我们必须进行技术创新，推动产业升级换代，提升经济竞争力。中国经济的竞争力在于技术进步和高科技产业发展。

除了技术创新外，观念创新、制度创新、模式创新、组织创新都非常重要。我们面对的是越来越不确定的未来，高科技企业的商业模式、组织模式需要创新。试图用传统产业的模式去发展高科技产业，那肯定是行不通的。不少人只意识到了技术创新的重要性，没有意识到观念创新、制度创新、模式创新、组织创新的重要性。实际上，这些创新都是中国式现代化创新的重要内涵。

中国是一个人口规模巨大的国家，其现代化一定会改变全球格局，对全球产生巨大而深远的影响。我们所追求的现代化是中国式的，有鲜明的中国特征。党的二十大报告把中国式现代化的特征概括为五点，这五点中最引起人们关注的是全体人民共同富裕的现代化。

共同富裕是中国特色社会主义的本质要求，体现了中国共产党人的初心使命。从中国共产党成立那天起到1949年中华人民共和国成立，再到1978年改革开放，再到党的二十大，在每个时期，实现全体人民共同富裕都是我们的目标，这个目标从来没有动摇过。1955年，毛泽东同志指出，富是共同的富，强是共同的强。1990年，邓小平同志指出，共同致富，我们从改革一开始就讲，将来总有一天要成为中心课题。共同富裕一开始就在邓小平同志改革开放的战略设计中。习近平总书记指出，共同富裕是中国特色社会主义的根本原则，所以必须使发展成果更多更公平惠及全体人民，朝着共同富裕方向稳步前进。

让中国人民富起来，实现共同富裕，是中国共产党人的初心使命的重要体现，对于这个目标，中国共产党人从来没有动摇过。今天我们所要实现的中国式现代化，一定是全体人民共同富裕的现代化，我们一直都在朝着这个目标努力。

二、中国式现代化的经济基础

要实现中国式现代化，首先必须成为高收入国家，成为发达国家，所以保持经济的可持续增长就成了当前乃至未来相当长时期内的重要任务。只有保持经济的可持续增长，财富才能源源不断地被创造出来，中国式现代化才可能实现。

这里有一个基本判断：什么样的体制和政策能使经济处在可持续增长中？我认为，中国特色社会主义市场经济体制是中国经济可持续增长最重要的体制基础，继续深化改革、不断推进高水平开放是中国经济可持续增长最重要的政策取向。中国特色社会主义市场经济是现代市场经济的一种业态、一种新的探索形式，体现了市场经济的一般原理。

　　市场经济是建立在分工和交易的基础上的。分工是市场经济存在的前提，没有分工就没有市场，没有市场就没有公允的价格，也就没有公平的交易。没有分工、没有市场、没有交易，那就是自然经济。自然经济不可能让人类社会富裕起来，只有基于分工和交易的市场经济，才能大幅度提高劳动生产率，才能源源不断地创造出新的财富。只要我们继续坚持中国特色社会主义市场经济体制，就能够把财富源源不断地创造出来，因为它是基于分工的，市场是自由的，价格是公允的，交易是公平的，市场主体的地位是平等的。

　　改革开放前的中国是一个贫穷落后的国家，大多数人处在贫困状态。改革开放后，我们选择了一条市场经济道路，人民开始富裕起来了。我们所走的市场经济道路，不是自由市场经济道路，而是中国特色社会主义市场经济发展道路。改革开放后，我们要迅速摆脱贫困，让老百姓能够吃饱饭，但是按自然演进的市场经济模式难以快速实现这一目标。后发国家有后发优势，可以学习、借鉴发达国家的经验，实现经济的跨越式发展。一段时间以来，我们重视引进外资，重视引进国际先进技术，重视学习和借鉴国际先进经验，在此基础上探索自己的发展道路。

　　要实现跨越式发展，除了必须尊重分工、自由的市场、公允的价格、公平的交易和市场主体的平等地位外，一个很重要的机制就是要发挥并优化政府的作用。改革开放40多年来，各级政府在中国经济社会发展中起着特别重要的作用，这是中国经济发展模式的重要特征。举例来说，中国的地方政府在经济发展和现代化建设中起到了重要的作用，地方政府大力招商引资，高度重视经济建设。又如，各类工业园区、技术开发区的设立也是中国特色。存量改革阻力很大，要对老工业城市和老工业基地进行市场化的存量改革非常困难。地方政府根据中央的精神，制定自己的发展战略，建立各种工业园区、技术开发区，引进资本和新技术，以增量活力引导存量改革。再如，中央政府的"五年规划"以及经济特区、区域经济发展战略对中国经济发展发挥了顶层设计和引领的作用。上述特征都是中国特色社会主义市场经济体制的重要体现。

在中国式现代化的实现过程中，我们必须进一步推进市场化改革、推动高水平开放。市场化改革和中国特色社会主义市场经济模式在方向上是完全一致的。只有不断深化市场化改革，才能不断完善中国特色社会主义市场经济模式。

我们制定了"双循环"发展战略，这是基于中国国情和中国实际情况以及全球形势变化而做出的战略转型。"双循环"发展战略强调以内循环为主，内循环和外循环协调发展，但这绝不是否认外部需求对中国经济发展的重要作用。实际上，推动高水平开放在今天仍然至关重要。习近平总书记指出，改革开放是中国共产党的一次伟大觉醒，不仅深刻改变了中国，也深刻影响了世界。今天中国虽然已经发展起来了，资本充盈甚至有些过剩，但对外开放仍然是很重要的，要高度重视外资和外国先进技术的引进，重视外部市场的拓展。

2001年12月，中国加入WTO，这是中国经济在近现代第一次全面融入国际经济体系。这种对外部世界的开放和融合，使中国经济发生了根本性变化。中国的实践表明，对外开放对中国式现代化的实现具有巨大而深远的影响。

要实现中国式现代化，必须实现全体人民的共同富裕。共同富裕一直是我们追求的目标，从未动摇。在我的理解中，实现共同富裕要处理好三个关系。

首先，要保护并优化财富创造机制。要让社会财富不断地丰盈起来，就必须共同奋斗，不存在"等靠要"式的"躺平"。"等靠要"与共同富裕毫无关系。共同富裕一定是每个人都很努力，共同创造可以分配的增量财富。没有增量财富，存量财富很快就会枯竭。每个人都要努力地创造增量财富，不能只盯着存量财富。中国还不是高收入国家，只是刚刚全面建成小康社会的上中等收入国家。要让人民越来越富裕、社会财富越来越多，高效率的财富创造机制是关键。

其次，要进一步改革收入分配制度。收入分配制度改革的基本着力点是适度提高劳动者报酬，在再分配环节更加注重公平。我们要让低收入阶层、贫困家庭过上正常的生活，通过转移支付、救济等方式保障他们的基本生活。要实现基本公共服务均等化。转移支付、困难补助、救济等都是再分配的重要内容。党的二十大报告专门强调要规范收入分配秩序，意义深远。

最后，要形成有效的财富积累机制。有效的财富积累机制是下一轮经济增长和财富创造的重要前提。没有财富的积累，就难以推动下一轮经济增长。党的二十大报告提出要规范财富积累机制，这蕴含了深刻的含义。

财富积累除了另类投资外，主要有四种方式：

一是将现期收入减去现期消费之后的剩余收入，以居民储蓄存款的形式存入银行。这是大多数中国人财富积累的主要方式。

二是投资风险性金融资产，比如股票、债券、基金等。投资这种风险性金融资产是现代社会财富积累的重要方式，是未来财富积累的主流业态。

三是创业。创业的风险比前两种财富积累方式要大得多，存在巨大的不确定性。创业不成功，投资就会失败。创业一旦成功，财富就会按几何级数增长。在这里，收益与风险是相互匹配的。政策应鼓励人们去创业、创造，这是财富增长最坚实的基础。

四是投资房地产。2004年以后，中国房地产业发展速度惊人，房价飞涨。在10年左右的时间里，一线城市的房价涨了20倍以上。投资房地产在一个时期成了人们财富积累的重要方式。

如何理解规范财富积累机制？

我认为，第一，要完善法制，让人们的财产权和存量财富得到有效保护。第二，必须关注财富积累方式的调整。畸形的房地产化的财富积累方式，给中国经济和金融体系带来了潜在的巨大风险和危机。

中国居民的资产有百分之六七十都在房地产上,这是不正常的。规范财富积累机制是金融结构性改革的重点。过度投资房地产的财富积累方式,应是规范的重点。

三、财政金融在中国式现代化中的作用

在中国式现代化的建设进程中,财政金融的作用十分关键。

(一)财政的作用

中国式现代化不仅要求经济可持续增长,还要求增长成果更好地惠及全体人民、实现共同富裕。财政政策在这两个方面均可以发挥积极的作用。首先,财政政策是推动经济可持续增长的重要手段。我们知道,经济可持续增长要求有良好的基础设施,包括交通等经济基础设施和教育医疗等社会基础设施。就经济基础设施而言,我国交通等传统基础设施已经实现了跨越式发展,而大数据中心、人工智能、工业互联网等新型基础设施还较为薄弱,需要各级政府加大财政投资力度,尽快建设能够提供数字转型、智能升级、融合创新等服务的新型基础设施体系。教育医疗等社会基础设施在很大程度上决定了一个国家的人力资本水平,构成了经济可持续增长的重要动力源泉,也决定了增长的成果能否更好地惠及全体人民。在这方面,我国的缺口还比较大,与人民的期许还有较大的距离,因此需要各级政府加大对教育医疗等领域的财政投入力度。

技术创新同样离不开财政政策的支持。技术创新充满了不确定性和风险,但也存在很大的正外部性,完全依靠市场和企业往往是不足的。这就需要政府利用财政补贴和税收优惠等措施来为企业分担风险,以激励企业更好地进行技术创新,推动技术进步。

其次,财政政策是促使增长成果更好地惠及全体人民、实现共同

富裕的重要手段。共同富裕不仅需要解决绝对贫困问题，也需要缩小收入分配差距。自党的十八大以来，我国高度重视绝对贫困问题，实施了精准扶贫战略，消除了绝对贫困，取得了彪炳史册的巨大成就。今后，在中国式现代化的实现过程中，还需要加大财政政策支持力度，切实防止规模性返贫。

缩小收入分配差距，实现收入分配公平，需要在保障低收入者基本生活的基础上增加低收入者的收入，扩大中等收入群体，并调节过高收入。保障低收入者基本生活的重点在于完善社会保障体系，充分发挥社会保障体系的兜底作用，在这方面既要尽力而为，又要量力而行。增加低收入者的收入、扩大中等收入群体的重点在于坚持多劳多得，鼓励勤劳致富，促进机会公平，完善按要素分配政策制度，探索多种渠道增加中低收入群众要素收入，多渠道增加城乡居民财产性收入。调节过高收入的核心在于完善个人所得税政策，充分发挥个人所得税的收入调节作用，但也需避免对高收入者工作努力和投资努力等的过度抑制。

最后，实现共同富裕还需要着力解决好城乡差距较大和区域发展不平衡等突出问题，这同样离不开财政政策。就中国的实际情况来看，解决好城乡差距问题的核心在于乡村振兴。我国的农村基础设施和农业技术创新还比较薄弱，这是乡村振兴面临的瓶颈，需要加大财政投入力度，着力加以破解。区域发展不平衡的原因有很多，而基本公共服务不均衡无疑是其中重要的一个。这就要求完善政府间转移支付制度，加大均衡性转移支付，促进财政横向均等化。

中国式现代化需要国家治理体系和治理能力现代化为之"保驾护航"。党的十八届三中全会明确提出，财政是国家治理的基础和重要支柱。由此来看，财政的现代化是中国式现代化的一个基础性和支柱性要素。我认为，要实现财政的现代化，需要着力推进以下三个方面的改革：

（1）财政政策的现代化。首先，需要进一步处理好政府与市场的关系，明确市场经济条件下政府的职能定位以及政府干预的合理边界，使市场在资源配置中起决定性作用，同时更好发挥政府作用。其次，需要进一步统筹好发展与安全，要充分发挥财政政策在促进经济社会发展中的积极作用，也要着力确保财政可持续性，防范化解财政风险，尤其是地方政府债务风险。最后，需要进一步完善财政政策体系和治理机制，促进中长期战略规划和短期相机抉择政策，以及总量治理（需求侧）和结构治理（供给侧）的有效协同，提升财政政策的治理效能。

（2）政府间财政关系的现代化。中国式现代化的实现需要中央与地方各级政府的共同努力，现代化的政府间财政关系对于有效调动中央与地方两个积极性是至关重要的。而且，科学合理的政府间财政关系也是规范各级政府行为、构建良好的政府与市场关系的前提与基础。这需要进一步深化改革，构建起目标兼容、激励相容的现代财政体制。其中的关键是要确定科学、合理、清晰的财政事权与支出责任划分、财政收入划分以及财政转移支付制度，形成一个财政收支责任更为匹配，有利于兼顾中央与地方利益、确保分权制度效率和控制道德风险的制度安排，最终实现权责清晰、财力协调和区域均衡的目标。

（3）财政制度的现代化。党的十九大报告强调要加快建立现代财政制度。预算制度的现代化是现代财政制度的重要构成，是推进中国式现代化的重要保障。这其中的重点是进一步推进预算制度的科学规范、公开透明和民主监督。税收制度的现代化也是现代财政制度的重要构成，需要进一步深化改革，且改革的重点应放在公平税制、优化税种结构、健全相关法律法规、完善征管体系上。

（二）金融的作用

我们知道，中国式现代化首先是要确保经济的可持续增长，使增量财富源源不断地被创造出来，这就意味着经济增长要有可持续性。

要实现中国经济的可持续增长，就必须推动经济结构转型，促进科技进步，实现产业升级乃至产业迭代。基于科技进步的产业迭代是未来中国实现现代化的先导力量，寄希望于借助传统产业和资源型企业让中国实现现代化，那是不可能的。

我们必须着力推动科技创新、技术进步、产业升级和产业迭代。但是，从新技术到新产业的转化充满了不确定性或风险。一方面，新技术、新产业没有既成的足够的需求，没有确定的市场；另一方面，它们又会受到传统产业的打压和阻挠，所以新技术变成新产业的过程充满了不确定性。这种不确定性超出了单个资本的风险承受边界，更超出了创业者的风险承受边界。社会需要一种机制来分散从新技术向新产业转化过程中的巨大风险。

分散风险必须进行有效的资源配置，这就需要进行金融创新。没有金融创新，从新技术向新产业转化的速度就会减缓，效率也低。回望 20 世纪 80 年代，美国和日本的产业竞争力差不多，后来美国之所以大幅度超越日本，就是因为金融创新起到了重要推动作用。硅谷的成功既是科技和产业结合的典范，也是金融创新的硕果。没有金融创新，就不太可能有硅谷。大家只看到高科技、新产业，没有看到金融创新在其中所起的孵化和促进作用，它发挥着分散风险的功能。如果我们只停留在传统金融占主导的金融模式中，实现中国式现代化将会遇到很多困难。

在中国，金融必须承担起推动科技创新、技术进步、产业升级和产业迭代的任务。所以，金融创新呼之欲出、应运而生。无论是基于脱媒力量的金融变革，还是基于科技进步的金融创新，目的都是拓展资本业态、金融业态的多样性。金融创新的结果是金融的结构性变革和金融功能的全方位提升，实现金融功能由单一走向多元。金融功能的多元化和金融业态的多样性，是现代金融的基本特征。

金融要服务于实体经济，很重要的是要服务于代表未来发展方向的实体经济。金融的使命不是复制历史，而是创造未来。如果金融只是保护传统、复制历史，这种金融就是落后的金融。如果金融关注的是未来，金融业态的多样性就会助力产业的升级换代。一个现代化国家经济的竞争力，在于科技的力量、金融的力量，而不在于其他。

资本业态的多样性是金融业态多样性最富有生命力的表现。从天使投资、风险投资/私募股权投资（VC/PE）到各种功能多元的私募基金和多种新资本业态的蓬勃发展，都是金融创新的重要表现。

金融服务于实体经济，不仅要满足实体经济对融资的需求，还要满足社会多样化的财富管理需求。随着居民收入水平的提高，社会对财富管理的需求日益多样，需要有与其风险偏好相适应的资产类型。越来越多的人倾向于通过市场化的资产组合进行财富管理，以获得超过无风险收益率的风险收益率。所以，金融体系必须创造具有成长性的风险资产，风险资产的背后是风险收益。满足居民日益多样化的财富管理需求，也是金融服务于实体经济的重要内容。

中国式现代化有一个基本元素，就是金融的现代化。如果金融是传统的，那么说中国实现了现代化，恐怕就要打折扣。所以，中国式现代化当然包括中国金融的现代化。金融的现代化一定包括金融功能的多元化。融资、财富管理、便捷支付、激励机制、信息引导等都是金融的功能，金融体系必须充分发挥这些功能。

金融的现代化意味着金融普惠程度的提高。一个缺乏普惠性的金融很难说是现代化的金融。如果金融只为富人、大企业服务，忽略小微企业的融资需求，忽略中低收入阶层的财富管理需求，这种金融仍然不是现代化的金融。

要实现中国金融的现代化，我们必须着力推进以下三个方面的改革：

（1）进一步深入推进市场化改革。市场化改革最重要的是完成金融结构的转型，其中金融功能结构的变革最为重要。我不太关注金融机构体系，而十分关注金融的功能结构。商业银行的传统业务是存、贷、汇，现代商业银行也有其新的功能，如财富管理。处在靠传统利差生存阶段的商业银行是没有竞争力的，市场估值很低。为什么我们的上市银行盈利很高，在资本市场上估值却很低？这是因为它们功能单一，创新不足。这表明，中国商业银行的创新和转型极为重要。市场化改革最大的任务就是要实现金融功能的多元化。

（2）大幅度提高科技水平。没有科技水平的提高，中国金融的发展就只能走老路，只能步发达国家后尘。我们仅靠脱媒和市场化机制去改革金融体系是不够的，还必须通过技术的力量去推动中国金融的变革和发展。我们要高度重视科技对中国金融的作用，因为科技可以从根本上改变信用甄别机制。金融的基石是信用，防范金融风险的前提是信用甄别。在今天的实践中，传统的信用甄别手段识别不了新的风险，因此，通过技术创新提升信用甄别能力变得非常重要。互联网金融网贷平台从本质上说有其存在的价值，但为什么在中国几乎全军覆没？这是因为它们没有解决相应的信用甄别问题，试图用传统的信用甄别方式去观测线上风险，那肯定是没有出路的。

（3）开放和国际化。封闭的金融肯定不是现代化的金融。现代化的金融一定是开放的金融、国际化的金融。所以，中国金融的开放和国际化是未来最重要的改革方向。这其中有两个基本支点：

第一，人民币的自由化和国际化。人民币可自由交易的改革是必须迈过去的坎，是人民币国际化的起点。在世界前十大经济体中，只有中国没有完成本币的自由化。

第二，中国资本市场的对外开放。在中国资本市场上，2022年境外投资者的占比只有约4.5%，而在美国这一占比一般约为18.5%，在东京、伦敦则超过30%。当前的中国金融市场实际上只是一个半封闭、半开放的市场。中国金融未来改革的重点就是开放和国际化，这是中国金融现代化的核心内容。唯有这样的金融，才能有效推动中国式现代化的实现。

前言
PREFACE

  中华人民共和国成立以来，随着经济建设的不断发展，我国逐渐确立了公有制为主体、多种所有制经济共同发展的基本经济制度，各类企业在我国经济活动中的活跃程度不断增强。企业作为市场活动的主体，其核心竞争力不仅关系到企业自身的存在和发展，也关系到中国特色社会主义市场经济的发展水平。完善公司治理、建设现代公司治理制度，是推动我国企业和经济可持续发展的重要动力。

  党的十八大以来，以习近平同志为核心的党中央高度重视实体经济发展，强调国资国企改革和民营企业发展。党的二十大报告指出，"高质量发展是全面建设社会主义现代化国家的首要任务"，要"建成现代化经济体系，形成新发展格局"，未来五年全面建设社会主义现代化国家的主要目标任务包括"经济高质量发展取得新突破""构建新发展格局和建设现代化经济体系取得重大进展"。党的二十大报告对企业发展也提出了明确要求：要"完善中国特色现代企业制度，弘扬企业家精神，加快建设世界一流企业"。在此背景下，进一步推进现代化的公司治理制度建设就显得尤为重要。因此，建设什么样的现代公司治理制度，如何因时制宜、因地制宜地建设，成为现阶段公司治理领域需要解答的重要命题，同时也是本书希望做出的贡献之处。

本书共分为六章。

第一章分析了建设现代公司治理制度的背景与思路。在新经济时代下，企业的业务模式发生了重要变革，以注册制为代表的资本市场基本制度改革逐步推进，与此同时，国有资本和国有企业改革不断深化，金融机构也面临着独特且突出的公司治理问题。本书拓展了在新时代背景下现代公司治理的核心内涵和主要问题，提出建设现代公司治理制度的总体思路：（1）建设结合企业性质的公司治理制度；（2）建设结合金融业特征的公司治理制度；（3）建设结合人力资本特征的公司治理制度。

第二章阐述了国有企业的公司治理问题及建设方向。本书回顾了我国国有企业的改革历程与公司治理发展，着重分析了当前国有企业公司治理中存在的少数股东权益保护、国有企业监督、国有股权管理以及国有企业激励等问题。同时本书也总结了国有企业在公司治理实践中进行的优化股权结构、改进股权管理、加强员工激励、加强党的领导等新探索。在结合实际问题与经验总结的基础上，本书提出了我国国有企业公司治理的建设方向，包括引入优秀的战略投资者，对党组织、股东和董事会与管理层的权责关系在章程制度上加以规范等。

第三章阐述了民营企业的公司治理问题。首先，本书分析了我国民营企业的发展现状与面临的公司治理问题。其次，鉴于民营企业公司治理问题的复杂性，本书分别有针对性地就重点和专题公司治理问题逐步展开讨论，包括高股权集中度下的减持套现问题、控股股东持股比例较低时的隧道挖掘问题、家族企业面临的代际传承与控制权争夺问题以及外资企业的公司治理问题等。最后，本书在不同的民营企业公司治理问题分析之下，分别提出了完善其公司治理制度的建议与方向。总体来说，民营企业公司治理的核心在于股权结构的设计，应当结合自身的股权结构特征，一方面防范可能出现的治理问题，另一方面发挥内外部公司治理机制的作用，使得各种公司治理制度构成完整的框架体系从而共同发挥作用。

第四章阐述了商业银行的公司治理问题。本书根据我国商业银行分类和商业银行的股权特征，分别分析了集中股权下的国有控股银行和民营控股银行的公司治理问题及治理经验、分散股权下的股份制银行和农村商业银行的公司治理问题及治理经验。本书提出了我国商业银行公司治理的建设方向，尤其强调集中股权的商业银行可以通过引入战略投资者等完善公司治理，而分散股权的商业银行则可以通过新设合并、增强董事会独立性等方式加强公司治理。

第五章阐述了证券公司的公司治理。本书在总结我国证券公司发展历程与经营现状的基础上，重点分析了证券公司存在的无实际控制人、券商内部利益冲突等公司治理问题，同时关注到证券公司面临的注册制改革、新媒体以及承包制等内外部公司治理变革，最后指出了证券公司的公司治理建设方向。我国证券公司应当有稳定的核心股东、建立有效的专业人才激励机制、建立缓解内部利益冲突的机制，同时鼓励监管部门、新媒体更充分地发挥治理功能。

第六章阐述了基金公司的公司治理。本书分别讨论了公募基金和私募基金的发展现状、主要公司治理问题及公司治理新探索，在此基础上对应地提出了公募基金和私募基金的公司治理建设方向。公募基金公司治理的核心是有效解决投资者、基金公司和基金经理三者之间的双重委托代理问题，强调公募基金需要一个较为平衡的股权结构、合理的股权激励制度以及独立董事制度。公司制私募基金公司治理的关键在于优化激励机制和强化外部监管，合伙制私募基金公司治理的关键在于通过公司治理制度建设来稳定合伙人结构，并力求合伙人退出时的平稳和高效。

在本书的写作中，我参考了此前与合作者共同撰写的部分论文，在此向合作者们表示衷心的感谢。特别感谢为本书做了大量助研和校对工作的同学们，他们是雍红艳、朱光顺、孙嘉、阮紫珊、张畅、金天、王汉学、汪亚平。感谢中国人民大学出版社的大力支持，编审崔惠玲女士、编辑韩冰女士和冯亚娇女士为本书的出版付出了巨大的努力，特此致谢。

目录
CONTENTS

| 第一章 |

建设现代公司治理制度的背景与思路

一、现代公司治理的时代背景 / 1

二、现代公司治理制度的核心内涵 / 9

三、建设现代公司治理制度的总体思路 / 15

| 第二章 |

国有企业公司治理

一、国有企业的改革历程与公司治理发展 / 18

二、国有企业公司治理存在的问题 / 25

三、国有企业公司治理的新探索 / 40

四、国有企业的公司治理制度建设方向 / 53

| 第三章 |

民营企业公司治理

一、民营企业的发展现状与公司治理问题 / 56

二、高股权集中度下的公司治理问题：减持套现 / 62

三、控股股东持股比例较低的公司治理问题：隧道挖掘 / 68

四、家族企业公司治理 / 77

五、外资企业公司治理 / 85

六、本章总结 / 91

| 第四章 |

商业银行公司治理

一、我国商业银行分类及公司治理问题 / 95

二、集中股权下的商业银行公司治理 / 96

三、分散股权下的商业银行公司治理 / 102

四、商业银行的公司治理制度建设方向 / 109

| 第五章 |

证券公司的公司治理

一、证券公司的发展历程与现状 / 113

二、证券公司的内部治理问题 / 121

三、证券公司的内外部治理变革 / 127

四、证券公司的公司治理制度建设方向 / 135

| 第六章 |

基金公司的公司治理

一、公募基金的公司治理 / 139

二、私募基金的公司治理 / 154

三、基金公司的公司治理制度建设方向 / 161

参考文献 / 163

第一章
建设现代公司治理制度的背景与思路

本章从现代公司治理的时代背景出发，将现代公司治理的核心内涵扩展为调整公司所有利益相关者之间利益关系的各种规范。本书认为现代公司治理至少面临四大利益冲突问题，即股东与董事的利益冲突、股东与经理人的利益冲突、控股股东与少数股东的利益冲突以及股东与员工、债权人等其他利益相关者的利益冲突。在遵循现实背景和理论逻辑的基础上，本书提出要建设充分考虑并结合企业性质、金融行业特征和人力资本特征的公司治理制度。

一、现代公司治理的时代背景

（一）新经济时代下的业务模式变革

在以互联网技术为代表的第四次工业革命浪潮的冲击下，通过互联网、人工智能、大数据等信息技术及其应用产生的以新技术、新产业、新业态、新模式为代表的新经济迅速发展，并逐渐成为我国经济发展的新动能和新引擎。在新经济时代下，数字化转型成为微观企业主体依循经济发展规律所必经的重要战略选择。在发挥数字技术创新赋能效应的同时，人力资本在业务模式变革中发挥着越来越重要的作用，这一现实背景为现代公司治理带来了新的挑战。

首先，新经济时代下主导业务模式变革的创始团队的人力资本重要性明显提高。区别于以往以股东为中心的公司治理研究框架，新经济时代下依托互联网平台和数据资源，不断创新的业务模式和不断突破的产业界限使得外部普通投资者很难理解其业务模式进而无法判断现金流的真实来源，因此具有高水平人力资本的创始团队成为主导业务模式创新的重要力量，但同时也给现代公司治理带来了新的挑战。一方面，新经济时代下企业在较短的时间内实现价值快速增加的现实诉求，使得企业需要通过让渡部分权益给外部投资者，以获得企业发展所必需的外部权益融资的支持；另一方面，创始团队希望控制权适度集中以确保对业务模式创新的主导。因此，如何在鼓励创始团队的人力资本投入主导业务模式创新和降低代理冲突保护投资者权益二者之间实现平衡，成为新经济时代下公司治理制度设计的关键问题。已有研究表明，双重股权结构通过投票权配置向创始团队倾斜的制度设计，在保证企业控制权不被稀释的同时引入外部资金，逐渐成为新经济时代下众多企业股权设计的优先选择（郑志刚，等，2021）。但我们也注意到，双重股权结构加剧了现金流权与控制权的分离，如何解决新经济时代下由股权分散及特殊的股权结构设计带来的股东间利益冲突，减少可能的利益输送、隧道挖掘行为，保护投资者权益，成为现代公司治理亟待解决的难题之一。

其次，新经济时代下的业务模式变革使得构成基础性人力资本的核心员工的重要性大幅提高（陈德球和胡晴，2022）。区别于传统公司治理研究中将员工视为无差别的劳动整体，新经济时代下，员工群体内部呈现出明显的分层趋势，核心员工的人力资本不仅在非金融企业中发挥着更重要的作用，而且成为驱动基金公司、证券公司等轻资产金融企业业务模式创新的关键要素。

一方面，对于非金融企业，人力资本重要性的提高使得如何有效激励员工成为公司治理的关键问题之一。自2014年证监会发布《关于上市公司实施员工持股计划试点的指导意见》以来，截至2019年已有802家上市公司发布员工持股计划公告。员工持股计划在使核心员工分享公司股票增值收益的同时，实现了员工个人利益与公司整体利益的密切捆绑；但也面临着如何识别员工持股计划推出过程中可能存在的大股东出于防范"野蛮人"入侵的动机而加强公司控制权的问题，如何有效缓解员工持股计划下的"搭便车"问题以及可能带来的核心员工与创始团队间潜在的合谋风险等问题。

另一方面，对于金融类企业，尤其是证券公司和基金公司等人才和智力高度密集的行业，人力资本逐渐成为驱动其业务模式创新的关键。2012年末修订的《中华人民共和国证券投资基金法》首次在国家法律层面鼓励公募基金管理人实行专业人士持股计划，并建立长效激励约束机制。2019年5月，证监会发布《关于支持证券公司依法实施员工持股、股权激励计划的函》，明确支持证券公司实施员工持股计划，并规定上市证券公司在实施过程中应根据要求采用资产管理计划等形式。但在目前的公司治理实践中，证券、基金行业仍表现出薪酬构成单一、长期激励不足、激励方式不当、退出机制不完善等问题，在一定程度上导致了该类企业的人员流动性高。因此，如何解决股东和员工之间的利益冲突，建立结合人力资本特征的现代公司治理制度，成为本书试图解决的关键问题之一。

（二）以注册制改革为代表的资本市场制度变革

2019年12月28日，第十三届全国人大常委会第十五次会议全体会议审议通过了修订后的《中华人民共和国证券法》（以下简称新《证券法》），并自 2020 年 3 月 1 日起施行。在我国资本市场"三十而立"之年，新《证券法》的颁布与实施标志着我国资本市场走向更加市场化、法治化的道路，是中国资本市场发展史中具有里程碑意义的重大改革，同时也为现代公司治理奠定了重要的制度基石。

首先，全面推行注册制是新《证券法》的核心修订内容之一。新《证券法》的出台，使得注册制在科创板试点的基础上，还有了在创业板、主板（包括中小板）快速推广的法律依据。总体而言，注册制改革建立了事前多元的准入制度、事中完善的信息披露制度和事后严格的退市制度，为注册制实施提供了良好的内部支撑，而对投资者保护的加强则为注册制提供了坚实的外部支撑。

本次注册制改革，在上市条件方面做出了三项重大改变。长期以来，我国 A 股资本市场面临上市要求高、上市审核时间长等较为严苛的上市要求，一方面使得上市带来的壳资源催生了"炒新""炒概念""炒壳"等异象，另一方面使得新经济时代下，部分难以满足国内 A 股市场持续盈利等要求的新兴成长型企业，不得不选择远赴境外资本市场上市。第一，本次改革将原《证券法》规定的公开发行股票应当"具有持续盈利能力"的要求改为"具有持续经营能力"。第二，接受存在表决权差异安排的上市公司上市。第三，允许符合条件的红筹企业上市。这些上市条件的改变拓宽了企业上市渠道，同时为境外优质企业回归 A 股上市提供了制度保障。

与此同时，科创板和创业板对股份减持规则进行了优化。以科创板为例，核心技术人员股份锁定期由 3 年调整为 1 年，期满后每年可以减持 25% 的首发前股份；优化未盈利公司股东的减持限制，对控股股东、实际控制人和董监高、核心技术人员减持做出梯度安排；明确特定股东可以通过非公开、配售等方式转让首发前股份。减持规则的优化一方面改善了核心技术人员所持股份的流动性，提升了高科技人才创新的积极性；另一方面，梯度减持有助于弱化以往减持周期较长形成的"堰塞湖"问题。此外，引入非公开转让制度，在满足创新资本退出需求的同时，有助于发挥二级市场应有的定价功能，推动形成市场化定价约束机制。

其次，新《证券法》设立专章就上市公司信息披露问题进行单独说明，从信息披露主体、一般要求、信息披露范围、信息披露监管、异议机制和责任追究六个方面对信息披露制度进行了优化，强调由"监管者导向"向"投资者导向"的逻辑转变以及进一步完善与注册制相匹配的信息披露制度的建设，基本完成了对信息披露制度的全面整合。注册制取消了实质性审核，赋予了资本市场更大的包容性，促使 IPO 过程中行政干预被淡化，但更大的包容性也伴随着更高的风险性，失去了监管为拟上市企业的"背书"，投资者将更大程度依赖自身对发行人的判断进行投资。因此，如何确保上市公司信息披露的质量达到真实完整公平公开透明，需要资本市场监管机构的有效监管和相应制度的有效制约。IPO 审核问询是上市公司信息披露的重要载体，科创板在公开披露审核问询函的同时，首次要求披露 IPO 审核问询回复函，旨在降低发行人和投资者之间的信息不对称，传递是否真正为"质优"公司的信号。

同时，退市制度是资本市场关键的基础性制度，2020 年 12 月 31 日沪深交易所发布覆盖全市场的"退市新规"，成为注册制改革背景下的重要举措。与成熟资本市场相比，我国资本市场年均退市率偏低，交易类退市、主动退市案例不多，退市渠道较为单一。新规在原有交易类、财务类、规范类、重大违法类四大强制退市通道的基础上进行修订与优化，并新增主动退市通道。其中，交易类强制退市通道新增市值退市标准，并明确"1 元退市"；财务类强制退市通道取消了原来单一的净利润、营业收入指标，新增扣除非经常性损益前后净利润孰低者为负且营业收入低于人民币1亿元的组合财务指标，同时对因财务类指标被实施退市风险警示的公司，下一年度财务类指标进行交叉适用；规范类强制退市通道新增信息披露或者规范运作等方面存在重大缺陷的规范指标，以及半数以上董事无法保证年度报告或者半年度报告真实、准确、完整的退市指标；重大违法类强制退市通道首次明确"造假金额+造假比例"的退市指标，明确财务造假的法律边界。"退市新规"的出台为形成"有进有出、优胜劣汰"的市场化、常态化退出机制提供了政策基础，构成本轮资本市场基础制度变革的重要组成部分。

最后，新《证券法》单设投资者保护章节，规定投资者可以作为诉讼代表人，按照"明示退出、默示加入"的原则依法为利益受损的投资者提起民事赔偿诉讼。从我国公司治理实践来看，2021年11月12日，新《证券法》确立中国特色证券特别代表人诉讼制度后的首例案件——康美药业证券虚假陈述责任纠纷案，在一审中获胜诉判决，成为迄今为止法院审理的原告人数最多、赔偿金额最高的上市公司虚假陈述民事赔偿案件，对资本市场高质量发展和投资者利益保护具有重要的里程碑意义。

（三）从管企业向管资本转变的国有企业改革

2003年3月，根据党的十六大精神和第十届全国人民代表大会第一次会议审议通过的国务院机构改革方案，国务院国有资产监督管理委员会（以下简称国资委）成立，并依据国务院授权对中央企业履行出资人职责，这标志着我国国有企业改革进入了一个新阶段。国资委成立之初，便提出了"管资产与管人、管事相结合"的监管思路，也就是我们通常所说的管企业，并逐步形成了中央、省、市三级国有资产监管体制。管企业的监管思路在特定历史阶段推动了国有企业改革发展，但现阶段我国国有企业已经进入了资产资本化、股权多元化的新阶段，对国有独资企业、国有全资企业的管理模式已经不适用于国有控股、参股企业，传统的管企业模式在监管内容、监管对象、监管方式等方面都面临巨大的挑战。如何有效解决国有资产管理体制中仍然存在的政企不分、政资不分的问题，消除国资监管越位、缺位、错位的现象，是加快推进国有企业改革从管企业向管资本转变的现实背景。

党的十八大以来，以习近平同志为核心的党中央高度重视国资国企改革，深刻指出要以管资本为主加强国有资产监管，加快实现从管企业向管资本转变。2013年，《中共中央关于全面深化改革若干重大问题的决定》指出要"以管资本为主加强国有资产监管"，通过改革国有资本授权经营体制的方式完善国有资产管理体制。2015年则进一步明确了要实现对国有企业的管理体制由管企业向管资本转变的国企改革思路（见2015年8月《中共中央 国务院关于深化国有企业改革的指导意见》）。2019年，国资委印发《关于以管资本为主加快国有资产监管职能转变的实施意见》，进一步明确了管资本的重点内容和路径方式。2022年10月16日，习近平总书记在党的二十大报告中再次强调要"深化国资国企改革，加快国有经济布局优化和结构调整，推动国有资本和国有企业做强做优做大，提升企业核心竞争力"，并"完善中国特色现代企业制度，弘扬企业家精神，加快建设世界一流企业"。

从管企业向管资本转变，国资监管机构从国有企业的直接管理者转向基于出资关系的监管者，在一定程度上减弱了管理层人事任免中的国资管理系统影响力，缓解了国有控股股东多目标与小股东单一目标的利益冲突。与此同时，由于直接干预减少和监督链条可能延长，国有出资人的股权管理的重要性更加突出，股东与董事之间以及股东与管理层之间的利益冲突和利益协调难度明显加大。

（四）金融机构的公司治理问题突出

近年来，明天系、安邦系、华信系、包商银行、锦州银行、恒丰银行等金融机构陆续暴露出流动性风险、操作风险、信用风险等各类风险，证券公司、基金公司高管跳槽屡见不鲜，其背后都无一例外地反映了日益突出的金融机构公司治理问题。金融类企业业务的独特性决定了其公司治理问题具有一定的特殊性，尤其是金融机构可能面临系统性风险。长期以来，鉴于金融类企业的会计标准与制造业企业等非金融类企业不尽相同，且受到样本观测值的限制，金融类企业的公司治理问题研究通常缺乏大样本的经验证据支持。

2017年，习近平总书记在全国金融工作会议上强调了新时代我国金融工作"服务实体经济、防控金融风险、深化金融改革"的三大任务，指出防止发生系统性金融风险是金融工作的永恒主题。与此同时，习近平总书记在党的十九大报告中强调要"健全金融监管体系，守住不发生系统性金融风险的底线"。2018年11月27日，中国人民银行、银保监会和证监会联合印发《关于完善系统重要性金融机构监管的指导意见》，对系统重要性金融机构进行了界定，并提出了评估指标和特别监管要求，并于2020年12月正式出台《系统重要性银行评估办法》。2022年10月16日，习近平总书记在党的二十大报告中再次强调"依法将各类金融活动全部纳入监管，守住不发生系统性风险底线"。

金融机构如何进行有效的公司治理制度建设成为现代公司治理需要突破的关键问题之一。一方面，对于一些股权高度集中的金融机构来说，既面临国有控股背景下"所有者缺位"和董事长"权力集中"可能导致的中国式"内部人控制"问题，也面临民营控股背景下金融监管和公司治理机制同时失效的控股股东关联交易、利益输送等问题。另一方面，对于股权分散甚至无实际控制人的金融机构来说，由于控制权争夺、股东对管理层监督不足，可能面临公司经营发展停滞的低效率问题和追求短期利益的短视行为。同时，在面临经营困境时，无实际控制人的金融机构更容易因救助"无人"或者救助者"能力不足"而遭受巨大的经营业务和长期发展损失。除此之外，相比于传统的非金融类企业，证券公司、基金公司等金融机构属于人力资本高度密集型企业，股东与员工的利益冲突问题更加突出，如何进行有效的薪酬激励，如何评估管理层和核心员工离职等人员流动带来的公司治理问题，也成为金融机构公司治理的核心要点。

二、现代公司治理制度的核心内涵

（一）现代公司治理的内涵

早在18世纪，经济学鼻祖亚当·斯密（Adam Smith）就注意到股份制公司存在的外部分散股东与职业经理人之间的利益冲突，其对现代公司治理的内涵进行了简洁清晰的论述："作为其他人所有的资金的经营者，不要期望他会像对自己所有的资金一样精心照顾。"

随着现代股份制公司的实践和公司治理理论的发展，公司治理的内涵不断完善。与亚当·斯密的思想一脉相承，伯利（Berle）和米恩斯（Means）在其1932年合著的《现代公司与私有财产》一书中反思投资者与经营者之间严重的利益冲突问题在经济大萧条中的角色，强调公司治理应致力于解决所有者与经营者之间的关系，而使所有者与经营者的利益相一致则应成为公司治理的焦点。Jensen和Meckling（1976）将股东和债权人面临的资金被经理人掠夺或浪费在无吸引力项目上的困境称为委托代理问题，而股东、债权人与经理人之间因利益冲突所产生的成本则为代理成本。这一定义也规范了现代公司治理研究的标准范式，并由此成为现代公司治理研究的起点。进一步地，Fama 和 Jensen（1983）以现金流权与控制权分离下的股东与经理人的委托代理关系为基础，更加明确地指出，公司治理研究的是所有权与经营权分离下的委托代理问题。

Shleifer 和 Vishny（1997）从投资者利益保护的角度，将公司治理定义为有关资金的提供者（如股东、债权人）按时收回投资并取得合理回报的各种方法的总称。这意味着公司治理是一种在公司层面"帮助投资者收回投资，并取得合理回报"的基本制度安排（郑志刚，2016）。

国内学者也从不同层面界定了公司治理的概念。例如，吴敬琏（1994）认为公司治理结构由股东大会、董事会和高层经理人员三个部分的执行机构组成，完善的公司治理需要明确各部分的职责，并形成相互监督制衡的关系。林毅夫和李周（1997）指出，公司治理结构是所有者对一个企业的经营管理和绩效进行监督和控制的一整套制度安排。叶林（2021）将公司治理界定为规范公司、股东和经营者之间的权力、权利和义务的公司法律规则和制度安排。

值得注意的是，上述公司治理概念主要从委托代理问题出发，更多地聚焦于股东价值最大化，强调公司治理的目标是通过所有者对经营者的监督与制衡机制，实现股东价值最大化，而对其他利益相关者（雇员、供应商、社区等）的关注略显不够，因而属于狭义的公司治理概念。

广义的公司治理概念将视角拓展至全体利益相关者。现代企业理论把企业理解为利益集团之间的隐性与显性合约的组合（Alchain and Demsetz，1972；Jensen and Meckling，1976），而其中，利益集团不仅包括公司内部的股东、管理层、普通雇员等，还涵盖了与公司日常运营产生关联的供应商、客户、债权人，甚至政府和居民社区等，他们共同构成了企业的利益相关者。既然企业的决策会影响到所有利益相关者，那么公司治理就应该通过一套正式或非正式的内外部的制度和机制，平衡所有利益相关者的利益，在公司治理目标上应遵循利益相关者价值最大化原则（Aoki，1980；Blair，1995）。

本书探讨广义的公司治理概念。具体而言，本书的公司治理泛指调整公司所有利益相关者之间利益关系的各种规范，其不仅包括公司股东与经理人之间委托代理关系所产生的各类利益冲突问题的解决，还可延伸至公司股东、经理人和与公司紧密相关的其他利益相关方的利益关系的协调。比如，持股比例较高（超过5%）的创投基金通过IPO方式退出，其对所持有的上市公司非公开发行的股份在锁定期满后即减持，这原本属于非控制性大股东正常情况下的减持行为，可能并不涉及大小股东之间的委托代理关系，但这类减持往往会导致股价出现短期大幅下跌，对中小股东利益造成较大损害，因此非公开发行股份的减持一度受到非常严格的监管限制。很明显，这属于本书讨论的公司治理范畴，但并不存在严格意义上的委托代理关系，也很难被称为委托代理问题。

（二）现代公司治理的主要问题

在传统上，公司治理解决的是公司内部决策权的分配问题。伴随着公司融资需求扩大和资本市场发展，公司开始面向公众投资者融入资本，公司股东或者投资者人数众多，他们无法甚至不能直接参与公司事务，于是产生董事会负责重大决策、经理人负责经营决策的做法。在这个意义上，公司治理实际上就是公司内部治理。

在现代社会，公司已经成为社会财富的主要创造者和拥有者。

公司不仅是投资者获得回报的工具，还是增进社会福祉的重要手段，推动了公司治理内涵的扩张。克拉克曼（Kraakman）和汉斯曼（Hansmann）在《公司法剖析：比较与功能的视角》中揭示了公司治理中的三大问题，对应三大利益冲突：公司股东与经理人、控股股东与少数股东、公司及股东与缔约伙伴（债权人、雇员和客户等利益相关者）之间的冲突。

结合近年来的中国实践和理论研究进展，本书对现代公司治理的主要问题进行了拓展，包括但不限于以下四大利益冲突。

第一，股东与董事的利益冲突。相比于美国以董事会为核心的公司治理实践，我国公司法更强调股东的权利。在一些国有企业中，由于所有者缺位，股权管理、股东权利行使的效率较低，并且董事长往往是由该企业的上级部门任命的，这进一步导致了代表国有出资人履行国有资产监督职责的董事长往往具有较大的决策权力。在此情形下，公司"一把手"董事长或执行董事容易因权力过大而导致董事会形同虚设，最终形成实质上的管理层（或董事长）决策中心，甚至出现董事长"一言堂"。而对于一些民营企业而言，控股股东由于持股比例高或者投票权占优，对董事提名和任免具有相当程度甚至绝对的话语权，从而导致董事会往往成为股东的"橡皮图章"而无法发挥应有的作用，形成了事实上的控股股东权力中心。

第二，股东与经理人的利益冲突。在一些国有企业中，由于监督机制失灵和内部人控制，在管理层决策中心下，经理人完全有可能凭借其掌握的公司经营权，利用处于信息优势的有利地位，以损害股东利益的方式追求个人利益，导致股东的利益不能得到很好的保护。在民营企业中，一方面，持有控制性股份的民资控股股东具有较强的动机和能力监督及约束经理人，甚至可能导致过度监督的问题；另一方面，控制权集中的民营企业容易对经理人激励不足，难以有效将经理人利益与股东利益协调一致，职业经理人的专业才能和企业家精神发挥不足，有的公司甚至难以留住作为优秀人力资本的经理人，导致经理人变更过于频繁。

第三，控股股东与少数股东的利益冲突。与英美等发达国家公司股东持股比例常低于 10% 相比，我国公司股权较为集中，大多数公司有明确的控股股东，长期以来表现为"一股独大"的特征。一方面，在集中股权结构下，少数股东往往缺乏监督公司经营管理、参与公司治理以实现公司价值增长的激励，在监督经理人问题上"理性"选择搭乘大股东的便车；另一方面，也是更为重要的方面，拥有控制权的股东出于自身私有收益（控制权收益）的考虑，有较强的动机和能力通过利益输送等方式对公司财产和利润进行转移，采取策略性减持股票、高比例股权质押等行为，损害少数股东的权益。

第四，股东与员工、债权人等其他利益相关者的利益冲突。在证券公司、基金公司等人才和智力高度密集的行业，相对而言人力资本（如个人能力、声誉等）更为重要，股东与员工之间的利益冲突问题也更加突出。此外，资产规模大、财务杠杆高的企业，如房地产企业、城投平台公司等，近年来出现了一定程度上的"大而不能倒"现象，滋生了股东较强的"逃废债"动机，严重损害了债权人利益。

（三）现代公司治理机制

为解决公司治理问题，实务界及学术界提出了各种公司治理机制。郑志刚（2010，2016）指出公司治理机制是利用现有法律框架，或者通过市场竞争的自发选择，或者通过人为的制度设计等降低代理成本，从而在一定程度上解决委托代理问题的各种制度或机制的总称。姜付秀（2022）则将解决公司治理问题的途径统称为公司治理机制，"因为它包括一系列分工配合、环环相扣的机制，通常又被称为公司治理体系"。

根据制度设计所利用的资源来源，公司治理机制可以被划分为内部治理机制和外部治理机制（郑志刚，2010）。内部治理机制是企业为实现治理目标而采用的各种公司治理机制的统称，其目的是在一个企业的资源计划范围内，利用现代激励机制设计和合约理论的思想，规范公司治理的各个参与主体的行为，从而实现公司治理目标。它包括股权结构、股东大会及投票制度、董事会制度以及激励制度等。内部治理机制往往体现出公司治理的事前激励和事中监督模式，通过设计规范性机制为治理行为提供框架和范式，因此也存在"先有治理机制而后有治理行为"的说法。

外部治理机制则是指超出一个企业资源计划的范围，通过市场自发或政府干预等外部手段实现公司治理目标的各种治理机制的总称（郑志刚，2010）。外部治理机制包括法律制度、资本市场制度、业务监管、国有资本监管、产品市场竞争、并购市场等。与内部治理机制相比，外部治理机制更多地体现出事后监督的功能，主要通过事后发生或可能发生的不利后果所带来的约束与压力对内部人的行为产生影响。例如，外部治理机制带来了公司因经营不善而破产或经理人被辞退的可能性，这将促使经理人努力改善经营管理水平，提高企业绩效。因此，外部治理机制构成了内部治理机制的有效补充，在内部治理机制缺失或者无效的情况下，甚至成为发挥主导作用的治理机制。

从治理机制的作用途径与内容上看，公司治理机制可以进一步分为决策机制、监督机制和激励机制。其中，决策机制主要是指内部决策权的分配，包括股权结构和控股股东性质等治理结构问题。在公司治理实践中，股权并非均匀地分散在投资者手中。一般将拥有控制性股份的股东称为控股股东，而与控股股东相对应的则称为少数股东或外部分散股东。两者力量对比的差异使得形成了公司不同的股权结构,而不同的股权结构会进一步决定公司内部利益冲突的类型,如股东与经理人的利益冲突、股东与董事的利益冲突、控股股东与少数股东的利益冲突。

监督机制是指公司治理主体针对相关责任人(大股东、董事、经理人等)的经营结果、行为或决策所进行的一系列审核、检查与督导行为(姜付秀,2022)。依照监督来源的不同,监督机制可以进一步区分为内部监督机制和外部监督机制。内部监督机制的一个主要标志为公司内不同行为主体"用手投票",例如股东和董事可以对损害自身利益的公司议案投反对票,也可以决定经理人的遴选。除此之外,通过股票买入与卖出的"用脚投票"方式亦可以表达股东对公司决策的赞成或反对意见。来自公司以外的力量对公司治理过程的监督可归类为外部监督,包括法律监督、产品市场监督、并购市场监督和信息中介监督等。外部监督机制主要通过对公司潜在的惩罚威慑而成为公司治理机制长期发挥作用的力量。

除了给予惩罚威慑的监督机制这根"大棒"外,为促使经理人和员工努力工作而提供激励的"胡萝卜"也至关重要,即激励机制。由于激励机制更多面对经理人和业务骨干员工,因此在公司治理中,激励机制也被称为经理人激励,其核心在于通过激励合约的设计协调经理人和核心员工的利益与股东利益。在公司治理实践中,经理人激励往往表现为基于经营绩效的薪酬合约设计。

三、建设现代公司治理制度的总体思路

公司治理的目的在于协调解决公司与所有利益相关者之间的利益关系,这些利益关系包括但不限于股东和经理人之间的委托代理关系。由于不同公司存在控股股东性质、行业属性、业务模式等天然的

稳定性很强的差异性，很难有能解决所有公司治理问题"包打天下"的统一公司治理制度。因此，本书认为，在充分认识和尊重现代公司内外部现实情况、遵循现实背后的理论逻辑的基础上，建设因地制宜的现代公司治理制度就显得至关重要，并且具备较高的可行性。总体思路如下：

（一）建设结合企业性质的公司治理制度

公有制为主体、多种所有制经济共同发展，是我国社会主义初级阶段的一项基本经济制度，在此项制度的基础上，国有股东控股的国有企业与非国有股东控股或无实际控制人的非国有企业（民营企业）就成为我国经济的重要组成部分。控股股东股权性质的不同，导致国有企业与民营企业的公司治理制度存在实质性差异。

对于一些国有企业，由于作为控股股东的国家往往难以有效行使股东权利而导致了所有者缺位现象，公司"一把手"董事长或总经理权力过大，董事会形同虚设，最终形成了实质上的管理层决策中心和内部人控制问题。因此，如何进行国有股权管理，提高国有股东权利行使效率成为国有企业公司治理制度建设和国有企业改革的焦点问题。而对于民营企业来说，民营控股股东具有强烈的动机和充分的能力监督管理层，国有企业中典型的内部人控制现象在有明确控股股东的民营企业中并不突出，但大股东与以中小股东为代表的外部投资者的利益冲突却频繁发生。此时股权结构设计和股东权利划分是否合理成为民营企业公司治理的核心问题，如何保护中小股东利益、维护市场稳定成为公司治理关注的重点。

（二）建设结合金融业特征的公司治理制度

与非金融行业相比，金融行业的业务属性和公司治理环境较为独特，导致了不同的公司治理特征，需要分门别类地分析。首先，金融行业具有明显的风险传染性，一家公司个体层面的负面事件就可能引发整个金融市场的风险，产生极大的传染及辐射效应，甚至可能对整个金融体系以及国家稳定发展带来不可估量的破坏性。因此，在金融行业公司治理实践中，外部治理机制，尤其是政府金融监管往往扮演着比在非金融行业中更重要的角色。其次，除了金融监管和外部治理机制之外，金融机构因规模大、负债率高容易出现"大而不能倒"现象，由此产生的逆向选择和道德风险问题是公司治理制度建设需要考虑的重要问题。

（三）建设结合人力资本特征的公司治理制度

公司治理制度设计需适应公司的具体业务模式，并为提高公司经营效率服务。基金和证券行业呈现出高度的人力资本驱动的业务模式，甚至私募基金等企业呈现出了劳动在一定程度上雇佣资本的特征。同时，新经济时代下，核心员工的人力资本成为主导和驱动新经济业务模式创新的重要力量，新经济企业对高水平人力资本的需求日益旺盛。随着优秀管理团队资本专用性和资源关键程度的提高，如何设计结合人力资本特征的公司治理制度，以充分激励专业技能和企业家精神的发挥，并留住优秀的人力资本，亦是现代公司治理制度需要解决的核心问题之一。

第二章
国有企业公司治理

一、国有企业的改革历程与公司治理发展

作为中国特色社会主义国家，国有企业在我国国计民生中具有重要的历史地位和特殊作用。1949年通过的《中国人民政治协商会议共同纲领》提出"国营经济为社会主义性质的经济"，奠定了中华人民共和国成立后国有企业建立和发展的开端。1949—1978年，国有企业"从无到有"，完成了国有经济体系的建立。改革开放以来，国有企业改革始终是经济体制改革的中心环节，同时国有企业的公司治理制度与实践也在不断发展与完善。从1978年至今，国企改革历程大致经历了四个阶段。

（一）"放权让利"的国企改革初探阶段（1978—1993年）

这一阶段从1978年改革开放初期到1993年党的十四届三中全会召开，持续了15年，开启了国企改革序幕，具有开创性的历史意义（项安波，2018）。改革开放之前，国有企业没有经营自主权，盈亏由国家负责，"权力过分集中，自上而下统得过死""政企不分、社企不分""吃大锅饭"现象突出，导致国有企业普遍缺少积极性，运行效率低

下。针对这种弊端，国企首先进行扩大企业自主权的"放权让利"改革。1978年，党的十一届三中全会提出要让地方和企业有更多的经营管理自主权，由此拉开了中国国企改革的序幕。国务院在1979年颁布的《关于扩大国营工业企业经营管理自主权的若干规定》等五个配套文件，标志着中国扩大企业自主权的改革试点正式启动。为提高对企业生产的激励，1981年4月在全国工业交通工作会议上，中央政府正式提出在试点企业实施工业生产经济责任制，即实行企业利润包干。同年10月，国务院批转国家经委、国务院体改办《关于实行工业生产经济责任制若干问题的意见》，实行企业上缴利润的责任制，规定通过利润包干和分成等办法保证国有企业的利润上缴额。然而，尽管经济责任制的实施带来了一些积极影响，但同时也产生了一些负面效果，如"鞭打快牛""逆向激励"等。因此，1983年初，国务院决定停止规定利润分配制度的经济责任制。

  1984年，党的十二届三中全会通过《中共中央关于经济体制改革的决定》，明确指出"所有权同经营权是可以适当分开的"。尽管此时的"经营权"更强调企业自主确定生产经营活动，有别于经典公司治理中的"经理人作为代理人拥有经营权"，但在国有企业公司治理实践中，所有权与控制权分离的专业化分工趋势自此已经开始显现。值得注意的是，我国的股份制企业是在20世纪80年代初期对计划体制下的传统国企或集体企业的改造中逐步建立和发展起来的。在缺乏有关股份制企业的明确法律规范的情况下，1984年北京天桥百货股份有限公司率先实施了国企员工持股改革，由本企业职工购买或以其他形式持有本企业股份，形成了我国改革开放后事实上的股份制企业。职工持股由此成为我国国企股份制改革的起点。通过股份合作制这种早期的股权激励制度，国企员工同时成为持股股东，资本在企业内部实现"社会化"。

1986—1988年,国有企业试点了承包经营责任制,取得了一系列改革实践的经验与教训。在此基础上,20世纪90年代初,中央工作会议强调转换企业经营机制,并出台了《全民所有制工业企业转换经营机制条例》,以进一步促进国有企业"两权分离",提高经营效率。

在国企改革初探阶段的公司治理实践中,由于作为控股股东的国家是抽象的概念,因而导致了比较明显的所有者缺位现象,如何行使股东权利成为国企公司治理最核心的问题。在这一阶段,国有企业缺乏有效监督机制、管理层经营权扩大导致的内部人控制问题比较突出,虽然改革短期内调动了企业的经营积极性,但也出现了一些"竭泽而渔""后劲不足"的短期行为,并没有从根本上解决国企存在的问题。到1991年末,国有企业出现了明亏、暗亏、盈利各占1/3的所谓"三三制"局面,国企改革需要制度层面更彻底的创新。

国企改革初探阶段的政策梳理如表2-1所示。

表2-1 国企改革初探阶段的政策梳理

年份	事件
1978年	党的十一届三中全会召开,提出要让地方和企业有更多的经营管理自主权
1979年	国务院颁布《关于扩大国营工业企业经营管理自主权的若干规定》等五个配套文件,启动开展扩大企业自主权的改革试点
1981年	国务院批转国家经委、国务院体改办《关于实行工业生产经济责任制若干问题的意见》,工业生产经济责任制开始推广实施
1983年	国务院批转《财政部关于国营企业利改税试行办法》,实行利改税
1984年	党的十二届三中全会通过《中共中央关于经济体制改革的决定》,明确指出适当分开所有权与经营权,推进国有企业成为相对独立的经营主体
1986年	国务院颁布《关于深化企业改革增强企业活力的若干规定》,停止利改税,推行企业承包经营制度
1988年	国务院规定"包死基数、确保上交、超收多留、欠收自补"的企业承包原则
1992年	国务院颁布《全民所有制工业企业转换经营机制条例》,强调转换企业经营机制

（二）建立现代企业制度阶段（1993—2003年）

这一阶段是从党的十四届三中全会到党的十六届三中全会，历经约10年时间（项安波，2018）。

党的十四届三中全会明确了国有企业的改革方向是"建立适应市场经济要求，产权清晰、权责明确、政企分开、管理科学的现代企业制度"，并将公司制作为本轮国企改革的有益探索。1993年12月，第八届全国人大常委会第五次会议通过了《中华人民共和国公司法》（简称《公司法》），为建立现代企业制度及公司制改革提供了法律依据。在此之前的1992年，国务院颁布了《股份制企业试点办法》等11个法规，为将近3000家试点企业实施股份制改造提供了规范化法规体系，到1998年已有超过84%的试点企业实施了各种形式的公司制。

在公司治理方面，部分经过资产重组后业绩优良的国有企业得以优先上市，建立了规范的上市公司治理构架，使国企开始向现代企业制度快速迈进。实际上，这个阶段的国有企业股份制改革直接推动了20世纪90年代初我国资本市场的建立和发展。北京大学厉以宁教授著名的"靓女先嫁"理论就是在当时的背景下提出来的。对国有经济的战略性调整和国有企业战略性资产重组，在保持国有经济活力的同时也保证了国有经济继续发挥主导作用。

但需要指出的是，对于那些已经通过上市完成"资本社会化"的国有上市公司，国有资本往往持有控制性的股份，形成"一股独大"的股权结构和公司治理范式，导致控股股东对外部少数股东利益侵占的现象频发，少数股东权益亟须加强保护。与此同时，由于改制后上市公司更加独立的市场地位，控股股东对国企管理层的监督难度大幅提升。在此背景下，公司"一把手"董事长或总经理往往因权力过大而导致董事会形同虚设，最终形成实质上的管理层决策中心和内部人控制问题，出现了"天价薪酬"现象，甚至出现颇具争议的国企管理层收购等问题。

（三）国有资产管理体制改革阶段（2003—2013年）

国有企业改革的第三阶段以党的十六大为开端，到党的十八届三中全会之前，共经历了约10年时间。在此期间，国有资产管理体制改革成为国企改革的核心内容和关键环节。由于涉及行政体制改革和政府机构改革中的利益调整和权力分配，这属于经济体制改革中的深层次改革。

2003年以前，尽管名义上国务院是国有资产出资人的唯一代表，但实际上由于国务院组成机构繁多复杂，国有资产出资人职责分布在国务院下属的国家计委、财政部、各委办局、劳动和社会保障部、大型企业工委和组织人事部门等多个部门，并且这些部门分割行使出资人职责。这种"九龙治水"的国有资产管理体制带来了缺乏协调、各自为政而又无人负责的局面，容易导致国有股权虚置（项安波，2018）。

为探索新的国有资产监管体制，党的十六大报告明确"三分开、三统一、三结合"的国资管理体制改革原则，并首次提出建立代表国家履行出资人职责的机构。2003年，国有资产管理机构国资委和中央汇金公司成立，建立了代表国家履行出资人职责的专业化机构。新成立的国资委履行出资人职责，强调经营性国有资产的集中统一监管，通过"管人管事管资本相结合"形成了"三位一体"的国有资产监管体系。与此同时，《企业国有资产监督管理暂行条例》《中华人民共和国企业国有资产法》《企业国有产权向管理层转让暂行规定》等一系列法规文件也陆续颁布并实施，建立了国有资产管理相关的制度体系。此外，为促进国有资本经营和维护所有者权益，本阶段改革也初步建立了国有资本经营预算制度。

这一阶段国企改革客观上改善了国有资产股权分割和虚置的问题，使得统一行使国有资产出资人职责及推进国有企业深化改革有了政策抓手，在国有资产做大做强、建立现代公司治理制度等方面取得了显著成效。但在"管人管事管资本"的国有资产管理体系下，上级部门往往通过自上而下的人事任免体制来决定公司董事会和高管的构成，并通过行政指令对企业经营实施干预，混淆了出资人职责、政府监管和行业管理等界线。国企董事会存在"一把手"决策、行政化严重、独立性较弱等问题，所有者缺位和内部人控制等公司治理问题并未得到实质性解决，使国有企业在做强、做优方面略显逊色。

（四）全面深化改革阶段（2013年至今）

2012年11月，党的十八大做出了全面深化改革的重大战略部署，并将深化改革纳入"四个全面"战略布局，提升到了国家战略高度。以此为依据，国企改革随之进入了全面深化改革阶段。针对国有企业公司治理存在的缺乏权力制衡和有效监督的问题，新一轮国企改革将核心内容集中于改革国有资产管理体制和发展混合所有制经济等方面。

在国有资产管理体制方面，强调完善国有资产管理体制，以管资本为主加强国有资产监管，改革国有资本授权经营体制，实现从"管人管事管企业"向"管资本"转变，促进国有资产保值增值。2015年《关于深化国有企业改革的指导意见》深化了通过管资本的方式改革国有资产管理体制的具体要求。2016年国家在"十项改革试点"中选择国新公司等企业进行国有投资、运营公司试点。2018年7月，国务院发布了《关于推进国有资本投资、运营公司改革试点的实施意见》，正式明确了改组或新组建国有资本投资公司和国有资本运营公司的政策意见。2022年10月16日，党的二十大报告再次强调要"深化国资国企改革，加快国有经济布局优化和结构调整，推动国有资本和国有企业做强做优做大，提升企业核心竞争力"。

改组或新设的国有资本投资、运营公司将作为政府与上市公司之间的"隔离层"，增加政府与国有控股企业之间的层级，减少政府直接干预，降低国有控股股东（多目标）与少数股东（单一目标）的利益冲突。但与此同时，由于政府直接监督的减少，国有股权管理的重要性更加突出，股东与董事、股东与管理层的利益协调难度将显著加大。

在发展混合所有制经济方面，引入民资背景的战略投资者是国企改革实现所有制混合的重点举措。所谓民资背景的战略投资者，既可以是持股5%以上的非控股股东，也可以是多个重要股东。此举的目的是打破国有企业"一股独大"的股权结构，通过股权制衡以及董事会制衡，缓解控股股东过度干预、加强对管理层的监督和激励，建成能够提升国有企业竞争力和创新力的公司治理体系。这一阶段的改革使得国有企业公司治理更多朝着董事会权力中心迈进。

值得注意的是，针对绝大多数央企总部集中于首都的情况，2015年2月，习近平总书记首次提出疏解北京非首都功能，随后各级政府和企业开始稳步推进非首都功能疏解进程。自此，央企总部正式参与到非首都功能疏解的进程中。2021年12月，发改委有关领导表示，2021年部分在京央企总部已启动分期分批向雄安新区疏解。截至2021年底，已有8家央企总部迁址离京或新建于京外。随着疏解非首都功能进程的推进，央企总部迁址离京的速度逐渐加快，央企总部的地理布局正在迅速发生变化。央企搬离北京意味着其与实际控制人国资委之间的物理距离增大，可能提高国资委履行出资人职责的难度，这对央企公司治理制度建设提出了新的要求。

此轮国企改革已经进入改革深水区,中央采取了顶层设计、部门分工合作的改革方法,改革推进较为谨慎,目前还处于稳步推进实施阶段,在坚持国有控股不动摇、完善公司治理中加强党的领导、加强对管理层的有效监督等方面取得了积极成效。但需要指出的是,国有股东权利行使效率仍有待提高,战略投资者话语权较弱和激励不足等问题依然比较突出,如何提高民资背景战略投资者参与治理的积极性、继续改善公司治理效果依然是需要考虑的关键问题。

二、国有企业公司治理存在的问题

本书所指的国有企业,既包括国有资本控股的企业,也包括国有独资企业和国有全资企业,是广义的国有企业。在以上市公司为讨论对象的公司治理语境下,国有企业往往指前者。在国有控股的背景下,国有企业目前尚存在诸多公司治理问题。第一,国家是国有企业名义上的控股股东,但由于国家是一个比较抽象的概念,因此需要委派代表代为行使股东权利,这就导致了所谓的国有企业双重委托代理问题和所有者缺位现象,同时国有控股股东对少数股东的利益侵占问题依然不容忽视。第二,国有股权管理和股东权力行使效率仍较低,一些公司"一把手"董事长或总经理权力过大,董事会形同虚设,最终出现实质上的管理层决策中心和内部人控制问题。第三,国有股东的国有属性使其在追求利润最大化的经济目标的同时,需要负担政治、社会、收入分配等非经济目标,导致国有企业具有典型的多目标激励冲突问题。第四,在董事会监督机制可能失灵的情况下,"一刀切"的国企高管限薪政策可能导致显性激励不足、管理人才流失,还可能诱发国企管理层从谋求显性薪酬转向谋求隐性福利。

（一）国资控股下的"一股独大"与少数股东权益保护

出于国企改革需要和维持对国有上市公司的股权控制等目的，我国资本市场曾推行股权分置政策来限制部分国有股权的上市流通。2007年以来，伴随着股权分置改革的完成和国有股权的逐步减持，国有控股股东的持股比例呈现逐年下降的趋势。但为了实现国有资本对上市公司的有效控制，国资委或国有法人仍然持有控制性股份，国有企业控股股东"一股独大"的现象并未发生根本转变。

Shleifer和Vishny（1997）提出在股权比较集中的情况下，持有较大股权的第一大股东可能通过参与表决公司重大决策而拥有实际控制权。在此情形下，大股东可能会利用自己的控制权优势来谋求自身利益，例如，通过资产交易、资金占用、隧道挖掘等方式侵占公司的利益等，从而损害中小股东利益（涂周前和刘峰，2010）。我国作为新兴市场国家，面临着法律对投资者权益保护不足的问题，少数股东权益保护成为国有企业公司治理中不容忽视的问题。

1. 少数股东权益保护困境

根据北京师范大学公司治理与企业发展研究中心发布的《中国上市公司中小投资者权益保护指数报告2015》，国有控股上市公司的中小投资者权益保护指数均值为45.3，其中，央企控股上市公司的中小投资者权益保护指数均值为45.4，地方国有控股上市公司的中小投资者权益保护指数均值为45.2，均处于相对较低的水平。较低的投资者权益保护水平在国有企业股权结构、董事会和管理层、中小投资者参与公司治理等方面都有体现。

按照股权集中度不同，上市公司的股权结构可以大致分为以下三种形态：一是股权高度分散，没有控股股东。这种形态为欧美发达资本市场上的上市公司普遍存在的股权结构。此时，由于大股东缺乏足够的控制权和动机对管理层进行有效的监督，股东与管理层之间的委托代理问题成为公司治理的主体。二是股权高度集中，控股股东"一股独大"，没有制衡股东。该形态为我国资本市场上的上市公司的主要股权结构特征，该股权结构下公司治理的主要问题在于如何保护中小股东利益，使其免受具有控制权的控股股东侵害。三是股权适度集中，存在控股股东和制衡性的大股东。在这种股权结构下，多个大股东之间互相制约和监督能够有效抑制大股东掏空上市公司。

我国国有企业大多表现为典型的"一股独大"股权结构特征。以2014年的数据为例，在我国1 008家国有控股上市公司中，国有绝对控股公司、国有相对控股公司和国有弱相对控股公司的数量分别为297家、419家和292家，占比分别为29.46%、41.57%和28.97%。可以看出，国有弱相对控股公司占国有企业比重相对较低，尽管新一轮混改下国有股东持股比例有所下降，但国有企业"一股独大"现象依然十分突出。在此背景下，要实现中小投资者对国有大股东的股权制衡依旧困难重重。

在董事会和管理层方面，由于国有企业中国资背景的控股股东"一股独大"，国有控股股东通过其所持有股份在通过股东大会直接干预公司运营的同时，还可以通过委派，甚至超额委派董事，对董事会形成实际控制（郑志刚，等，2019）。这就在一定程度上为其通过资金占用、关联交易等手段进行资源转移提供了可乘之机，从而可能对少数股东的利益造成损害。

在少数股东参与公司治理方面，根据《中国上市公司中小投资者权益保护指数报告2015》的统计结果，在我国，2014年只有20.13%的上市公司采用了累积投票权制度。其中，国有控股上市公司中采用累积投票权制度的公司也仅有20.44%。由此可见，国有企业中较少的累积投票权制度这一制度安排导致少数股东代表难以进入董事会并参与公司战略决策，也难以实现对控股股东的制衡。国有企业少数股东公司治理参与困境还体现在公司提案和投票上，2014年少数股东提请召开临时股东大会的公司只有10家，占比仅为0.4%，其中在国有控股上市公司中该比例为0.5%；少数股东提交议案的公司只有9家，占比0.36%，其中在国有控股上市公司中该比例为0.4%；少数股东单独计票的公司有807家，占比32.10%，其中在国有控股公司中该比例仅为28.27%。很明显，少数股东参与公司治理和监督在现阶段还存在较多障碍，这些障碍的解除是提高少数股东参与公司治理积极性的必由之路，更是消除以战略投资者为代表的少数股东参与国企混改后顾之忧的关键所在。

2. 少数股东权益保护可能的解决路径

首先，实现相对制衡的股权结构。从理论上讲，当公司存在多个大股东时，非控制性的大股东不仅可以监督经理人，还可以监督控股股东，减少其侵占其他股东利益的行为。已有研究表明，其他大股东可以有效缓解控股股东通过关联交易、资金占用、超额股利等方式攫取控制权私有收益的行为（姜付秀、申艳艳和蔡欣妮，2020）。在国企改革推进混合所有制的背景下，为避免国有股东"一股独大"，应尽可能采用国有股东相对控股的股权结构，并引入几个持股比例较大的民资股东，从而实现充分的股权制衡。只有建立这样的股权结构，才可能有效抑制控股股东"独断专行"下的利益侵占行为。

其次，支持少数股东代表进入董事会。除了在股东大会中对重要事项以投票表决方式进行裁决，委派董事也是股东保护自身权益和参与公司治理的重要形式。董事会是公司治理制度的核心环节，董事能够获取额外的公司内部信息、享有实质性的决策控制权。以引入民营战略投资者的国企混改为例，允许混改引入的非控股股东（战略投资者）委派董事，不仅是保障非控股股东的权益和实现激励相容的途径，而且是这些战略投资者积极参与公司治理、推动混改实现经营机制和管理体制转化的开始和关键。

值得注意的是，在新一轮国企混改中，部分国企改革开始注重在董事会层面引入少数股东。在被誉为"央企混改第一股"的中国联通案例中，尽管中国联通是处于基础战略性产业的央企，联通集团依然保持对中国联通的相对控股，但引入的多个战略投资者作为非控股股东在中国联通董事会10个非独立董事席位中占据了5个席位（根据中国联通2021年度报告）。中国联通混改期间的董事长王晓初曾说，中国联通在混改后"气质发生了变化"，很大程度上与联通混改"在股东层面国资占优、在董事会层面战投占优"有关，它提供了保护战略投资者权益和促进战略投资者积极参与公司治理的途径，在很大程度上实现了非控制大股东们的激励相容。

最后，赋予少数股东更多的参与权和决策权。一方面，推进实施累积投票权制度。实行累积投票权制度是强化包括中小股东在内的所有股东对管理层的监督的重要制度保证，也是投资者法律保护指数的重要构成指标（LLSV，1998）。在英美等成熟市场经济国家，累积投票权制度是保障少数股东进入董事会并参与公司战略决策的重要制度安排，因此，强制性的累积投票权制度对于逐步实现少数股东权益保护具有重要意义。另一方面，可以考虑赋予少数股东对关联交易等严重影响自身利益事件的否决权。控股股东利用控制性地位，通过资金占用、关联交易等手段进行利益输送即掏空上市公司，是侵害少数股东利益的常见手段。以色列在2011年的一项改革中，赋予少数股东对关联交易、在公司任职的实际控制人及其关联高管（控制性高管）的薪酬的否决权，从而有效抑制了实际控制人及其关联高管的薪酬过高，因此赋予少数股东投票权可以成为一种有效的公司治理工具（Fried，Kamar and Yafeh，2020）。

（二）从内部人控制看国有企业监督问题

内部人控制问题最早爆发于欧美企业的公司治理实践中，欧美企业高度分散的股权和不断授予经理人股权激励以协调经理人与股东之间的利益冲突，导致经理人持股比例越来越高，实际控制地位不断增强，以至于外部接管威胁很难撼动经理人的实际控制地位。在此背景下，经理人可以利用对公司的实际控制力做出损害股东利益的行为，例如谋求控制权私有收益，甚至为自己发放超额薪酬，从而使股东利益受损。但在中国国有企业实践中，内部人控制问题的产生往往与欧美实践存在很大区别：一方面，国有企业因国有控股股东持股比例高且所有者缺位从而容易导致管理层缺乏有效监督，并非由于股权分散；另一方面，受控股股东委派、代表国资委来履行国有出资人职责的董事长，往往成为我国制度背景下内部人控制架构的核心。本书通过以下两个典型案例来说明国企内部人控制问题的产生过程以及由此带来的严重危害，以分析国有企业公司治理可能存在的缺陷。

1. 恒丰银行的案例

2017年11月28日晚，恒丰银行董事长蔡国华被查案被各大主流媒体纷纷转载。根据2020年该案在法院庭审中披露的细节，在蔡国华担任恒丰银行董事长期间，恒丰银行发生了多起高管私分公款、违规推行员工配资及持股计划等严重违纪违法和损害股东利益的事件[①]，由此成为国有企业"内部人控制"问题的典型事例。但仔细对照可以发现，恒丰银行的内部人控制问题和欧美传统意义上由股权分散和经理人持股导致的内部人控制问题存在着明显差异（郑志刚，2020）。

第一，恒丰银行股权结构并未呈现出高度分散的特征。恒丰银行

[①] 相关报道详见：蔡国华控辩激烈交锋：被控五宗罪 蔡国华几乎全部否认. 21世纪经济报道，2020-07-04.

的第一大股东烟台蓝天投资系烟台国资委主管，持股比例达 19.4%，而其余前五大股东持股比例均在 10% 左右。第一大股东持股比例远低于第 2 大到第 5 大股东的持股比例之和，恒丰银行的股权结构恰恰属于股权制衡度较高的类型，但远未达到欧美股权分散而导致内部人控制的程度。

第二，股权激励及管理层持股并不能解释内部人控制的形成。根据中国资本市场和金融机构相关法律法规，对国有性质的上级持股公司所委派的董事授予股权激励具有非常严格的限制。事实上，目前公开的数据显示，恒丰银行原董事长蔡国华并没有直接持有该银行股份。

第三，恒丰银行内部人控制问题的核心成员为董事长，而非欧美企业中的经理人。在欧美企业的公司治理实践中，董事长往往只是董事会的召集人，他在履行董事职责上并不拥有与其他董事相比特殊的权利。被称为首席执行官的 CEO 由于受到较高的股权激励容易产生壕沟效应，成为欧美等国家股权分散企业里内部人控制格局的核心。但在我国国有企业中，代表国资委来履行国有出资人职责的董事长往往具有较大的决策权力，是国有企业真正意义上的 CEO，因而成为我国制度背景下内部人控制格局的核心，这时总经理往往退化为董事长的执行助理。

值得注意的是，无论是作为恒丰银行上级控股股东的烟台蓝天投资，还是作为终极控股股东的烟台市国资委，都未能对恒丰银行原董事长蔡国华形成有效监督和制约，导致其他在名义上高度制衡的大股东实质上却"反对无效"，从而形成典型的"内部人控制"格局。

2. 贵州茅台的案例

无独有偶，因为缺乏股权制衡、内部人控制而导致出现国企高管腐败的案例也同样发生在贵州茅台身上。贵州省国资委通过全资控股的茅台集团间接持有贵州茅台超过50%的股票，成为贵州茅台的实际控制人。从控制权结构来看，贵州茅台是典型的国有控股上市公司。

2019年5月，茅台集团及贵州茅台原董事长袁仁国因涉嫌受贿罪被查处。根据贵州茅台公开披露的信息，袁仁国不仅长期担任上市公司贵州茅台的董事长，还兼任其控股股东茅台集团的董事长。因此，依靠控股股东来对上市公司董事及管理层进行有效监督至少在袁仁国的案例中变得匪夷所思，这就不可避免地导致了曾经在很多国有企业中上演的由于所有者缺位而导致的内部人控制问题，在贵州茅台公司重现。①

此外，根据当时国资监管的相关规定，国有企业高级管理人员的激励机制也存在一定的不足。袁仁国从2000年底至2018年5月担任贵州茅台上市公司董事长达17年，在此期间贵州茅台的营业收入从2000年的16.18亿元增长到2017年的610.63亿元，贵州茅台市值也超越了曾经的全球榜首酒企帝亚吉欧，成为闻名全球的酒类企业第一名，也是中国股票市值排名第一的公司。在茅台集团高歌猛进的同时，袁仁国2017年的薪酬为77.79万元，并且没有股权激励。相比茅台高管的薪酬水平，茅台酒经销商多卖一吨茅台酒能赚取的差价就有上百万元。在内部人控制导致监督机制失效同时又比较缺乏激励机制的情况下，掌握批条权的高管将茅台酒经销权作为拉拢关系、利益交换的工具的行为就在意料之中了。

3. 从央企总部迁址看央企监督问题

中央企业，广义定义为由中央人民政府（国务院）或委托国有资产监督管理机构行使出资人职责，领导班子由中央直接管理或委托中组部、国资委或其他中央部委（协会）管理的国有独资或国有控股企

---

① 具体报道和案例详见：郑志刚. 公司治理的觉醒与进步. 董事会，2021（1）：18-35.

业。具体而言，央企一般包含三类：国资委监管的国有企业，银保监会或证监会管理的国有企业，国务院其他部委管理的国有企业。狭义上的央企主要指第一类由国资委监督管理的企业。根据国资委披露的数据，截至2021年底，全国共有97家央企，从央企总部的地理分布来看，上海6家、东北地区5家、广东5家、湖北3家、河北（雄安新区）3家、四川1家、江西1家、港澳4家，其余69家央企总部均在北京。

2015年2月，习近平总书记首次提出疏解北京非首都功能，针对央企总部集中于首都的现状，央企总部逐步参与到非首都功能疏解的进程中。截至2021年底，已有8家央企总部迁址离京或新建于京外。这8家企业离京的方向可以分为两类：第一类迁往雄安新区，包含中国卫星网络集团有限公司、中国中化控股有限责任公司和中国华能集团有限公司；第二类则是根据集团主要业务，向主业根据地迁址，如中国长江三峡集团有限公司总部迁址至三峡大坝所在地湖北省（武汉市），中国船舶集团有限公司总部迁址至中国航运中心上海市，中国电子信息产业集团有限公司总部迁址至中国电子信息产业集聚地广东省深圳市。第二类离京企业还包括：中国电气装备集团有限公司、中国稀土集团有限公司。

央企总部迁址预期在缓解国家行政干预导致的国有企业多目标冲突问题上具有一定的积极作用，央企搬迁远离国资委可能起到类似国有资产管理体制改革设立"隔离层"的效果，通过增大控股股东与国有控股企业之间的地理距离，减少政府直接干预，降低了国有控股股东（多目标）与少数股东（单一目标）的利益冲突。但与此同时，央企搬离北京意味着其与国资委之间的监管距离也增大了，这将导致信息传递、沟通和决策等成本的上升，因此央企搬迁很可能提高国资委监管的成本和难度。鉴于国有企业普遍面临潜在的所有者缺位问题，如何在监管距离增大的客观条件下保证企业决策效率的同时防范内部人控制的风险，对央企内部决策和监督等公司治理制度提出了更高的要求。

4. 总结

通过以上恒丰银行和贵州茅台的案例，容易理解国企董事长的产生机制和国有股权的所有者缺位在一定程度上为国有企业内部人控制开了方便之门，而激励机制相对缺失使得在内部人控制格局下，拥有对公司实际控制力的董事长可能产生腐败行为，导致了国有企业运营效率低下以及国有资产流失。而在央企总部迁址的时代潮流下，国资委监管距离的增大也对央企内外部公司治理机制建设提出了更高的要求。

（1）董事长的产生机制与由此形成的董事长独特身份。在中国国有企业的公司治理实践中，董事长、总经理等关键岗位，在形式上需要经过董事会提名和表决程序，但实质上往往是由上级主管部门直接任命的，相关公司程序很难对此产生影响。

（2）所有者缺位导致的监督机制缺失。由于特殊的企业性质，国企股权名义上属于国有，但在实际运行中却不能够行使委托人的权利，在绝大多数情况下真正的所有者是缺失的，即所谓的所有者缺位。再叠加激励机制的相对缺失，就容易滋生腐败问题。容易理解，当不受制约的权力集中在少数内部人手中，在激励机制不充分不完善时，一些国企高管将有动机以腐败的形式从追求显性薪酬转向寻求隐性福利甚至不法收入，从而不可避免地会造成国有资产流失。

如何消除国企内部人控制这一顽疾也受到新一轮国企改革的重点关注。一方面，国有资产管理体制由原来的"管人管事管资本"变为现在的"管资本"，从根本上减弱了可能存在的国有控股股东过度干预，使国有企业在更大程度上自主掌握人事任免权，这一改革对解决内部人控制问题的效果还需要进一步观察。另一方面，需要在国企混改中鼓励引入民资背景的战略投资者。理论上，相比于缺位的国有股东，直接承担参股企业经营风险的事实使这些民资背景的战略投资者往往有着更加明确的盈利动机。明确的盈利动机将驱使它们积极推动企业以往僵化的经营机制和管理体制的变革，因而利用民资天然的明确盈利动机可能有助于国企经营机制和管理体制的转化并解决长效激励问题。与此同时，通过引入民资背景的战略投资者，盈利动机明确的战略投资者将与原国有控股股东之间形成股权制衡的控制权格局，成为以往国企"一股独大"下国有控股股东及其代理人可能做出错误决策的重要纠错机制。由此，新引入的民资预期可以有效地避免国有控股股东"一股独大"导致的过度干预和决策失误，同时可以形成对管理层的强力制约，避免内部人控制问题的出现。

（三）从多目标激励冲突看国有企业股权管理问题

由"一股独大"的股权结构、管理层独特身份和监督失效的董事会三重因素共同导致的多目标激励冲突也是国有企业公司治理面临的顽疾。国资委一般通过全资持股的集团公司来间接持有上市公司控制性的股份，无论是全资还是控股的国有企业，除了由国资委履行出资人职责外，普遍采用由上级主管部门任命董事长和总经理这一自上而下的核心高管遴选产生方式。虽然在程序上需要通过董事会的提名和股东大会的投票表决，但由于国企"一股独大"的股权结构和国资系统的强大影响力，这些程序很难对上级部门的任命构成实质性的影响和挑战。这使得董事长、总经理和其他主要高管既需要按照《公司法》和公司章程对股东负有诚信责任，同时又需要按照政府官员管理程序接受上级主管部门和国资管理部门的监督和考核，因此从这个角度讲，国企管理层往往具有双层甚至多重的独特身份。

一方面，国有控股的性质决定了国有企业必须接受党和政府的监管，并且兼负一定的社会性目标。我国国有企业承担的多重目标包括但不限于为国家经济发展战略服务、稳定就业、宏观调控、提供税收、补充财政收入等。这表明国有企业既要追求利润完成股东价值最大化的企业自身目标，同时也要达成众多的社会性目标。这些不同目标之间不可避免地会出现冲突，例如稳定就业的社会性目标就可能与企业追求利润的目标在短期内产生比较严重的冲突，导致企业出现多目标激励冲突问题。

另一方面，在以往的国有企业管理实践中，"既管资本又管企业"的管理体制容易导致高管多目标激励冲突问题和股东与董事之间的诚信责任不明确问题。在新一轮的国有企业改革中，国有资产管理部门明确提出了从"管企业"到"管资本"的改革方向，通过市场化方式选聘经理人，有效避免以往"政府官员式"国企高管任命方式下的多目标激励冲突问题。

（四）从限薪看国有企业激励问题

1. 国有企业限薪背景介绍

国有企业高管薪酬制度既是国企改革和建立现代公司治理制度的重要组成部分，也是提升企业竞争力的重要手段之一（常风林，等，2017）。随着21世纪以来我国收入分配制度改革的深入，社会各界对国有企业"天价薪酬""业绩下降但薪酬上涨""薪酬差距越拉越大"等问题一直十分关注，增加了社会对收入分配两极化的担忧。按照Hay Group的研究报告，2001—2011年是新兴市场国家的经理人薪酬经历快速增长的10年，其中，中国的经理人薪酬在10年间平均增长了2.5倍，在新兴市场国家中处于首位。

1992年，上海市最早开始试点国有企业经营者年薪制，开启了对国有企业薪酬制度的新一轮改革。20世纪末，我国有30个省市通过制定并且下发年薪政策，试点国企工资指导线制度。2003年《关于做好2003年中央企业工资总额同经济绩效挂钩工作的通知》开始实行主要同经营业绩挂钩、区别于政府官员的绩效薪酬制度。2009年9月，人力资源和社会保障部会同国资委等部门下发《关于进一步规范中央企业主要负责人薪酬管理的指导意见》，第一次明确提出对国有企业重要责任人的基础薪资进行限制，国有企业高级管理层年薪不能超过60万元，国有银行董事长、行长、监事长以及其他副职负责人的薪酬均按此标准执行，此后被社会称为央企高管限薪令。2012年12月中共中央政治局审议通过的《关于改进工作作风、密切联系群众的八项规定》以及后续的"六条禁令"，对包括国有企业管理层在内的党政领导干部的在职消费等进行了限制性规定。2014年8月，中共中央政治局举行了全体会议，要求中央政府对国企高管人员不合理的薪酬水平做出调整，以建立中央管理企业高管与职工的合理薪酬水平体系，促进社会公平正义，并颁布了《中央管理企业负责人薪酬制度改革方案》，确定国企高级管理层薪酬结构为"基本年薪＋绩效年薪＋任期激励收入"的形式，同时规定了国有企业主要负责人职务消费的上限金额，严格规范高管在职消费水平，此外还引入了其他禁止性规定。2018年5月，国务院发布《关于改革国有企业工资决定机制的意见》，对高管薪酬限制规定进行完善，以保证限薪令对国企高管薪酬的实际约束力。限薪令在消除社会对收入分配两极化的担忧、促进共同富裕方面发挥了非常积极的作用，但也可能导致国企高管激励不足和激励扭曲等潜在问题。

从理论上讲，高管激励主要有两类：第一类为显性激励，主要指货币薪酬激励、股权激励以及福利津贴等。长期以来，大部分国有企业高管的薪酬激励形式较为单一，主要以传统的货币薪酬为主，体现为基本工资、绩效奖金和福利，较少采取以岗位分红、科技成果转化、股权激励、延期支付等为主的长期薪酬激励措施。第二类为隐性激励。学术研究中讨论较多的隐性激励是在职消费，即公司管理层在行使职权和履行职责的过程中，发生的用于满足个人消费目的，但由于与其职务相联系而最终由公司负担的货币或其他形式的支出。在国有企业中，职位升迁、政治晋升也是隐性激励的重要表现形式。目前已有相当多研究表明，当以薪酬、股权为主的显性激励受到抑制时，隐性激励往往会发挥替代作用，高管会通过综合考虑显性激励与隐性激励从而最大化个人总收益。

2. 国企限薪下的激励问题

国企限薪背景下对高管显性薪酬的限制无疑会对国企高管、员工乃至企业层面的行为产生影响，其中可能的负面影响尤其值得关注和警惕。

第一，显性薪酬的限制会促使一些经理人去追求隐性激励，诱发经理人更多地从谋求显性薪酬转向谋求隐性薪酬。在职消费，即企业高管人员获取工资报酬外的额外收益可能成为高管的替代性激励方式。企业高管通过增加办公费、差旅费、业务招待费等项目报销私人支出，从而将其转嫁为公司费用，是代理成本增加的典型表现。此外，职位或政治晋升也是主管部门激励国企高管提升公司绩效的主要激励方式，可以补偿薪酬限制后薪酬减少部分的激励效应。

第二，当隐性薪酬因为政策改革取消时，限薪可能导致国企高管的努力程度降低。在限薪令政策出台以后，薪酬管制以前薪酬水平较高的国企高管，出现了更大幅度的降薪，因而更有可能出现偷懒、推卸责任、短视等行为，导致出现企业经营业绩下滑、投资规模降低和企业价值减少等不良后果。

第三，国企限薪下的人才流失问题。在国企限薪后，一些以往收入较高的国企高管可能会选择离职,在一定程度上造成国有企业的人才流失。此外,国企高管限薪后可能出现高管薪酬低于下属薪酬的"薪酬倒挂"现象,造成激励扭曲,同时企业内其他层级的员工工资也可能出现不同程度的下降,既有碍企业家才能的发挥,也不利于调动员工的工作积极性。两个因素叠加之后则更难以对国企员工形成有效激励,从而加剧人才流失。

3. 对"一刀切"式限薪令的思考

第一,显性薪酬的限制往往会促使经理人去追求隐性薪酬。"一刀切"式的限薪除了不可避免地导致管理人才的流失外,还会诱发经理人更多地从谋求显性薪酬转向谋求隐性薪酬。由此增加的代理成本有时甚至远远超过通过高管限薪节省下来的成本,反而使股东得不偿失。因此,我们需要清楚地认识到,有时看起来向经理人支付高的薪酬增加了企业成本,但如果通过经理人薪酬增长使企业实现更大的竞争力和股东价值提升,则适当程度的加薪或许是值得的。

第二,如何解决部分国有企业出现的经理人超额薪酬问题。很多研究表明,我国部分国有上市公司确实存在经理人超额薪酬现象。但解决经理人超额薪酬问题的正确思路不是通过政府部门"一刀切"式的限薪,而理应通过监管当局要求由更具有当地信息和内部信息的上市公司董事会(薪酬委员会)对经理人薪酬的自查实现。在这个自查过程中,董事会应以经理人薪酬绩效敏感性等客观指标作为评价的基准,如果企业绩效连年下降,而经理人薪酬却在持续增长,显然是不合理的薪酬设计,应该予以纠正。

三、国有企业公司治理的新探索

（一）优化股权结构：引入战略投资者 VS 并购重组

"一股独大"的股权结构成为国有企业诸多公司治理问题的根源，为优化股权结构，提高股权制衡水平和完善监督机制，并在一定程度上缓解控股股东的多目标激励冲突问题，实务界目前存在引入战略投资者和并购重组两个探索路径。

1. 引入战略投资者的国企引资模式

新一轮国企混改强调引入不同性质的战略投资者，尤其是引入民资背景的战略投资者以实现所有制的混合。以打响央企混改第一枪的中国联通为例，2018年中国联通引入一批战略投资者，大股东联通集团持有的股份从60%下降到36.67%，其中百度和京东等民资背景战略投资者的引入帮助中国联通实现了所有制的混合。由于中国联通处于能源通信等基础战略性行业，混改后，联通集团依然保持了对中国联通的相对控股。而作为对照，在处于竞争性行业的地方国企混改中，诸如北方信托等，甚至放弃了国资的控股权。与此同时，一些国企还引入同为国企背景的战略投资者，例如，2019年中车产投引入株洲市国有资产投资控股集团有限公司、中国国新资产管理有限公司等5家国资背景的战略投资者，实现中车产投由国有独资（中车集团全资持有）企业转变为形式上的混合所有（多方国资共同持有）企业。

引入盈利动机明确的民营股东的做法对于改善公司治理无疑具有非常积极的作用。

第一，引入民资背景的战略投资者，有助于"一股独大"的国有企业在股东层面形成股权相对制衡的分权控股格局，使盈利动机明确的战略投资者积极参与到公司治理中来。北方信托的第一大股东日照钢铁仅持股18.30%，略高于持股17.94%的第二大股东泰达控股，比持股17.65%的第三大股东上海中通也不过高0.65%。容易理解，尽管日照钢铁将委派董事长，但未来的北方信托在公司治理实践中将可能成为股权制衡的典范。通过降低控股股东持股比例与新引入的战略投资者，国有企业主要股东之间可以形成竞争关系，建立一种自动纠错机制（郑志刚，2018）。它不仅可以有效地避免以往"一股独大"容易导致的利益侵占和多目标激励冲突问题，还可以形成对管理层的有效制约，避免内部人控制问题的出现。

其二，在具有明确盈利动机的民资战略投资者的积极推动下，基于市场化原则建立的激励充分的管理层与员工激励机制，将使得企业的管理效率大幅提升。由于民资背景的战略投资者直接承担未来的经营风险，往往拥有比国资更明确的盈利动机，这将促使他们积极推动变革，有助于国有企业打破以往僵化的管理和经营体制，制定提高激励的举措，有效解决国企的激励不足问题。例如，中国联通在混改引入百度和京东等民资背景战投后，迅速组建了新一届董事会，并推出了被誉为"混改最后一块拼图"的员工股权激励计划，从而有效解决了长期困扰国企的高管激励问题。

2. 并购重组下的国企引资模式

大型国企并购重组是当今国企改革中与混合所有制改革并行的一条重要的国有资本产业布局调整思路，其主要目的是实现国有资源的重新组合和国资产业布局的优化。2016年《关于推动中央企业结构调整与重组的指导意见》推出后，央企合并浪潮与国企混改大潮齐头并进。继南车和北车于2015年合并为"中车"后，宝钢和武钢于2016年合并为"宝武"，中核与中核建于2018年合并为新的中核等。大型国企是中国经济的重要组成部分，也是中国经济参与国际市场竞争的主力军。不容否认，大型国企的强强联合在解决国内产能过剩问题、减少国企之间的恶性竞争及提升国企整体的竞争力上具有重要的战略意义。值得注意的是，不仅国有企业与国有企业之间存在大量的并购重组，在发生所有权变更的并购事件中，2007—2014年间超过57%的并购事件为控制权从民资变为国资，2015—2017年间，超过80%的并购事件表现为国有企业并购民营企业，这说明并购重组不仅存在于国企内部，还广泛存在于国有企业对民营企业的并购上。

回顾历史，国资发起并购浪潮不止一次，但鲜有成功的例子，国企能否解决自身的体制和机制问题是并购能否最终获得成功的关键。2007—2008年，一些省份从希望通过国有产权控制减少煤矿的安全生产和滥采滥伐问题的政策目标出发，积极推进国有煤矿企业对民营煤矿的并购，实现煤矿产业整合，形成了当时名震一时的"国进民退"浪潮。但仅仅在数年之后，受融资成本高（曾短期内筹措巨额并购资金）、大量冗员处置困难、煤炭市场价格波动等外部因素和国企经营管理体制机制障碍的影响，兼并民营煤矿的国有煤矿很快陷入困境。在中国企业联合会、中国企业家协会发布的"2014中国企业500强"榜单中，17家煤炭企业亏损。同样在那一时期，为数不少的国企响应国家"走出去"的号召进行海外并购。一时间，中国国企高管频繁出现在全球并购市场上，不少国企甚至获得了一些国外著名公司的控制权。

混合所有制改革的精髓恰恰在于从原来"一股独大"下的"管人管事管企业"转变为按照资本市场的规则"管资本"，由全体股东集体享有所有者权益。在国企通过合并重组完成了缓解产能过剩、资源整合和国资产业布局的重大改革任务之后，未来可能还需要通过第二阶段的国企混改来完成这些国企的体制机制转变。因此，国企的合并重组与混合所有制改革并不是两条完全无关、相互独立的国企改革路径。换句话说，一些国企在完成合并重组这一国有资本产业布局调整任务之后，不排除未来重新回到引入战略投资者进行国企混改的国企改革道路上来。

（二）改进股权管理：国有资产管理体制改革

在国有企业所有者缺位的情况下，国有股权管理、股东权利行使效率较低是阻碍国企公司治理改善的顽疾之一。一方面，代表国资委履行国有资产监督职责的董事长往往具有较大的决策权力，一些国有企业最终形成了实质上以董事长而非董事会为管理层决策中心。另一方面，在国资委既是国有资产的监管者同时又是国有资产的出资人的情况下，一些国企在国际经贸活动中未被认可为真正的市场竞争主体。一些地方政府过于行政化的管控方式影响了国企自身活力，降低了国企的经营效率。如何落实股权管理，减少政府行政干预导致的多目标冲突，高效率行使股东权利成为国有资产管理体制改革的主要目标。

2013年11月，党的十八届三中全会通过的《中共中央关于全面深化改革若干重大问题的决定》首次提出"改革国有资本授权经营体制，组建若干国有资本运营公司，支持有条件的国有企业改组为国有资本投资公司"。2018年12月21日结束的中央经济工作会议提出"坚持政企分开、政资分开和公平竞争原则"，"加快实现从管企业向管资本转化"，"改组成立一批国有资本投资公司，组建一批国有资本运营公司，积极推进混合所有制改革"。

理论上，通过设立国有资本投资、运营机构将国资委与实体企业"隔离"，二者不再有直接产权关系，国资委也无权穿越投资、运营机构干预其投资的公司，政企分开顺理成章。这种做法通过增加政府与国有控股企业之间的层级，减少了政府直接干预，降低了国有控股股东（多目标）与少数股东（单一目标）的利益冲突。因而，改组或新设国有资本投资、运营公司作为"政府和市场之间的界面"或"政府与企业间隔离层"成为在新一轮国企混改中无论中央还是地方国资管理体系改革的普遍做法。

党的十八届三中全会以后，地方国企分别开展了约122家国有资本投资、运营公司试点，在试体制、试机制、试模式等方面做了大量探索实践（陈赟，2019）。截至2018年底，国有资本投资、运营公司试点在中央企业层面已经扩大到21家，其中19家是投资公司的试点，2家是运营公司的试点。在96家央企中，三批共计超过五分之一的央企已开始试点改组并且成立国有资本投资公司。按照《国务院关于推进国有资本投资、运营公司改革试点的实施意见》的规定，国有资本投资、运营公司的功能定位是"公司以资本为纽带、以产权为基础依法自主开展国有资本运作，不从事具体生产经营活动"。我们统计了目前在A股上市的国有性质的公司中，控股股东的经营范围主要是进行投资、运营而不从事具体经营事务的样本。图2-1展示了这些样本公司数量及其占比的年度变化趋势。我们看到，2015年以来，国有

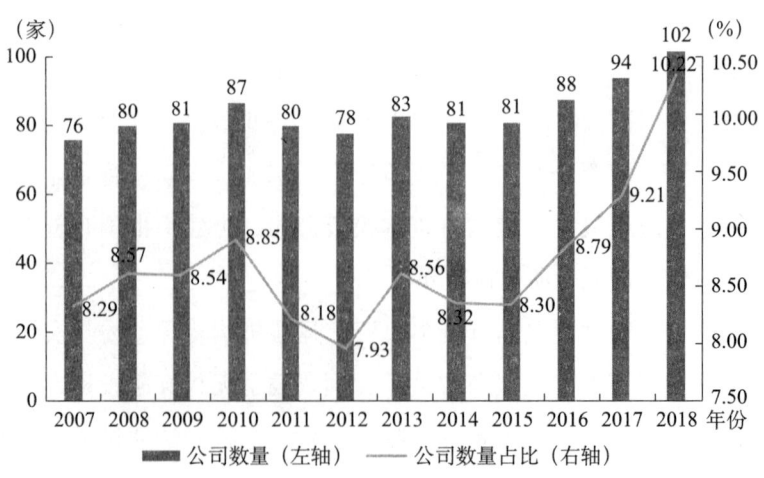

图2-1　国有资本投资、运营公司作为控股股东的国有上市公司年度变化趋势

资本投资、运营公司作为控股股东的国有上市公司不断增加,到2018年已有超过10%的国有上市公司被国有资本投资、运营公司直接控股。除了直接控股之外,国有资本投资、运营公司还通过参股国有产业集团控股的上市公司,充当财务投资者的角色,以实现国有资本保值增值的目的。

那么我们应该如何理解新一轮国有资产管理体制改革?

第一,国有资产管理职能的转变。在以往"管人管事管资本"的国有资产管理体系下,上级部门往往通过配套自上而下的人事任免体制,决定公司高管与董事会的构成,并通过指令对企业经营实行干预,混同了出资人职责、政府监管和行业管理等界线。过多的来自国资委以及具有其他政府机构背景的董事成员,构成了专业化分工程度不高的国有上市公司管理层,国企董事会存在"一把手"决策、行政化严重、独立性较弱等问题。受到专业背景的限制,董事会成员面对市场变化难以做出及时有力的反应,限制了国企自身的发展能力。新一轮国企改革通过新设或重组国有资本投资、运营公司而实现国有资产管理职能转变的一个重要现实考量是,促进国企向专业化经营、市场化管理转变。

第二,从"授权"到"平权"。尽管改组后的国有资本投资、运营公司履行原来国资委的职责,享有董事长的直接任命权,弱化了国资委的人事任免权力和行政干预能力,但是我们需要认识到新一轮国资改革仅仅停留在"授权体系的完善"上的认识是不够的,而是应该回归到对其他战略投资者和分散股东作为出资者基本权利的认同与尊重上,因为这本来就是投资者以出资额为限承担有限责任后应该享有的基本权利。国有控股股东应从原来高高在上的发号施令者回归到一个同股同权的平等协商者。

第三,需要注意国有企业金字塔式控股结构的问题。目前国资管理体制改革中普遍采用的通过改组新设国有资本投资、运营公司形成"政府与企业间隔离层"的做法势必将进一步延长国有企业已有的委托代理链条。一方面，国有资本投资、运营公司的重组或新设有助于缓解来自政府对国企经营的过度干预，通过"政企分开"和"政资分开"使经营权与所有权有效分离，使得职业经理人可以根据瞬息万变的市场灵活及时调整经营管理决策；另一方面，国有资本投资、运营公司的重组或新设将使国企委托代理链条延长和金字塔式控股结构复杂，导致有效监督的进一步缺失，恶化原本已十分严重的所有者缺位问题，由此加剧国企的委托代理冲突（郑志刚，2020）。理论上，我们并不能排除在金字塔式持股结构下，国有资本投资、运营公司的新设重组所带来的加剧恶化的委托代理冲突的"成本"，甚至冲销国有资本投资、运营公司新设重组后由政府放权和管控职能转变带来的国企运营效率改善这一"收益"的可能性。因此，需要考虑如何在不加长控制链长度的情况下，组建国有资本投资、运营公司。企业整体上市不失为一种可资借鉴的思路，整体上市在将国企的全部资产实现上市的同时，通常伴随着原企业的注销，反而可能使金字塔控股链条变短。

（三）发展中长期激励：员工持股计划

长期以来，国有企业注重以货币薪酬为代表的短期激励方式，而对中长期激励方式，包括股票期权、限制性股票、股票奖励、股票升值权等关注不足。员工持股计划作为一种中长期激励方式，将企业与经理人和员工紧紧捆绑在一起，公司长期绩效越好，行权人未来获得的收益就越大，有助于将经理人和作为利益相关方的员工的利益与股东的利益协调起来，激励经理人和员工付出更多的个人努力，属于典型的内部公司治理机制。

2013年党的十八届三中全会启动了新一轮的国企改革。《关于上市公司实施员工持股计划试点的指导意见》《国有科技型企业股权和分红激励暂行办法》《关于国有控股混合所有制企业开展员工持股试点的意见》（以下简称《试点意见》）和《关于深化混合所有制改革试点若干政策的意见》等政策相继出台。在上述政策的鼓励和推动下，我国资本市场上掀起了一股员工持股计划热潮。据 Wind 数据库统计，2014—2019 年共有 928 家上市公司发布员工持股计划公告（国有上市公司占推出员工持股计划公司的比例约为 15%），其中 150 多家上市公司多次推出，更有两家上市公司先后 6 次推出员工持股计划。在新一轮国企混合所有制改革中，员工持股计划被认为是"最后一块拼图"和"标配"。中国联通、招商局集团等均在国企混改过程中推出员工持股计划作为国企混改的实现路径之一。那么，作为国企混改的"标配"，我们应该期待什么样的员工持股计划呢？

第一，员工持股计划应该鼓励持股员工通过适当的公司治理制度安排成为公司真正的"主人翁"。我们知道，员工持股计划与传统绩效工资等薪酬激励相比的优势是将员工的回报与企业的长期发展捆绑起来，使员工更加关注企业的长期绩效，避免追求短期利益而损害企业的长期利益。员工在多大程度上可以决定他未来对企业长期绩效的分配在很大程度上与公司治理制度安排有关。例如，员工持股达到一定比例后是否可以具有推荐董事的权利？特别地，是否允许以累积投票权的方式选举代表自己利益的董事？如果推荐的董事不能保护持股员工的利益，如何罢免并选举新的董事？然而，从目前的方案看，对这一至关重要的问题，《试点意见》语焉不详。特别是，管理层由于往往被上级任命，按照《试点意见》不属于员工持股的对象，而允许持股的员工却没有相应的公司治理制度安排来保障自己的权益，如同把自己的命运交给未必真正关心自己利益的其他人一样。但我们在

《试点意见》中尚未看到相关公司治理制度的明确表述。

第二，员工持股计划应该鼓励社会资本愿意参与国有企业的混合所有制改革。受到（员工持股计划）充分激励的员工当然是吸引社会资本参与国企混改的原因之一。但毫无疑问，员工持股后将使社会资本陡然间增加了不得不面对的股东，何况这些股东并非普通的财务投资者，而是十分重要的利益相关者。因此，员工持股计划是在已经实行混改后，由代表不同股东利益的董事会根据员工激励现状（例如，董事会经过科学评价认为传统的基本薪酬加上与绩效挂钩的绩效薪酬不足以向员工提供充分的激励）的需要推出，还是先推出员工持股计划然后再引进社会资本进行混改值得商榷。一个可能的结果是，员工持股计划的推行使得很多原来准备进入国企的社会资本望而却步，除非持股员工本身就是国企混改方案设计者心目中理想的混改对象。

第三，需要充分考虑员工持股计划下的"搭便车"问题。当太多员工受到基于股权的薪酬激励时，不同员工之间会出现严重的"搭便车"问题，由此降低认购员工付出更大努力的愿望，使激励变得"无效"（Holmstrom，1982；雍红艳，等，2022），公司制背景下持股员工之间的相互"搭便车"问题是阻碍共享资本激励效应的最主要因素。如果说国企改制历史上股东与职工双重身份的利益冲突以及在普惠制下职工持股形成的相互"搭便车"行为导致了职工股份合作制的失败，那么，为了避免职工股份合作制的历史重演，确保在新一轮的国企混改中作为"标配"的员工持股计划顺利推进，国企改革的理论界和实务界迫切需要识别员工持股计划中的"搭便车者"，科学设计员工持股计划方案。

（四）加强党的领导：党组织参与治理

党作为社会主义事业的领导核心，在国家机构中处于核心地位，这种关系同样反映在国有企业公司治理中，表现为企业党组织与董事会、监事会以及管理层的关系。随着国有企业改革的不断深化，党组织以"双向进入、交叉任职"和重大决策事项的"讨论前置"的方式在国有企业中逐渐明确政治核心地位（柳学信，等，2020）。

1. 党组织参与公司治理的发展历程

根据《中国共产党章程》，企业党组织是指党在企业的基层组织，企业凡是有正式党员3人以上的，都应当建立党的基层组织。企业党组织治理制度最早在计划经济时期就有所体现，并伴随我国经济体制建设与国有企业改革不断发展。

1949—1978年，受苏联计划经济和我国新民主主义革命时期公营企业管理经验的影响，我国国有企业的治理模式是类似国家治理系统的一个"单位"的行政型治理（郝健，等，2021）。1950年开始实施工厂管理委员会制度，党委书记可以成为工厂管理委员会的成员，参与经营管理决策。1954年，全国开始推行厂长负责制，但是会削弱党委书记的作用，从1956年起，我国开始探索推行党委领导下的厂长分工负责制。此后，我国还经历过群众组织、革命委员会和党委领导三个阶段。

1978—1992年，我国国有企业党组织治理开始进入探索阶段（郝健，等，2021）。随着1978年《中共中央关于加快工业发展若干问题的决定（草案）》的出台，国有企业党委领导下的厂长分工负责制确立。但随着经济体制改革的深入，由于缺乏有效的制衡机制、影响投资者参与治理以及生产经营中的责任难以有效落实，企业组织"一元化"领导的问题逐渐显现。1984年党的十二届三中全会召开，国有企业党委领导下的厂长分工负责制调整为厂长负责制，不再实行企业党组织的"一元化"领导，企业党组织的职能调整为监督、支持厂长领导企业。这在一定程度上缓解了上述问题。

1992—1999年，我国国有企业党组织治理制度开始确立。在1992年党的十四大确立社会主义经济体制改革目标后，1993年12月颁布的《公司法》确立了党对国有企业的监督职能，以及党组织对国有企业人事和"三重一大"事项的决策权。国有企业党委决策逐步转变为发挥政治核心作用，保证监督党和国家方针政策的贯彻执行以及支持厂长依法行使职权等。1995年9月召开的党的十四届五中全会明确提出政企分离，但并未影响企业党组织监督与参与国有企业重大事项决议的权力。

1999—2016年，国有企业党组织建设不断强化。1999年9月，党的十五届四中全会召开，通过了《中共中央关于国有企业改革和发展若干重大问题的决定》，提出国有独资企业和国有控股企业的党委负责人可以通过法定程序进入董事会与监事会，明确了党组织通过"双向进入、交叉任职"的形式参与国有企业治理。党的十八大以来，在全面从严治党的大背景下，国有企业中党的领导地位不断加强，党组织的作用得以强化。2015年颁布的《关于深化国有企业改革的指导意见》首次提出党委书记和董事长由一人担任的要求。

2016年至今，我国国有企业党组织治理制度进一步完善。2016年全国国有企业党的建设工作会议将国有企业党委定位由政治核心提升为领导核心，强调两个"一以贯之"，明确提出要建设中国特色现代国有企业制度，把党的领导融入公司治理各环节，把企业党组织内嵌到公司治理结构中，明确和落实党组织在公司法人治理结构中的法定地位。2017年4月，国务院办公厅发布的《关于进一步完善国有企业法人治理结构的指导意见》则进一步明确了党组织在国有企业中的领导核心和政治核心地位。党的十九大明确国有企业党委发挥领导作用，并将"讨论和决定企业重大事项"的相关要求写入党章。2022年10月16日，党的二十大报告再次强调要"推进国有企业、金融企业在完善公司治理中加强党的领导，加强混合所有制企业、非公有制企业党建工作"。

党组织参与公司治理的历史沿革如表2-2所示。

表2-2 党组织参与公司治理的历史沿革

时间	来源	相关规定
1993年11月	党的十四届三中全会	出资者所有权与企业法人财产权分离，建立现代企业制度是国有企业改革的方向
1993年12月	《公司法》颁布	确立了党对国有企业的监督职能
1995年9月	党的十四届五中全会	明确提出政企分离
1999年9月	党的十五届四中全会	提出国有独资企业和国有控股企业的党委负责人可以通过法定程序进入董事会、监事会
2002年11月	中国共产党第十六次全国代表大会	修订党章，规定国有企业和集体企业中党的基层组织发挥政治核心作用，支持股东会、董事会、监事会和经理（厂长）依法行使职权
2004年10月	《中央组织部、国务院国资委党委关于加强和改进中央企业党建工作的意见》	规定了中央企业党委会对股东会、董事会层面的哪些问题参与决策
2005年10月	第十届全国人民代表大会常务委员会第十八次会议修订《公司法》	新《公司法》规定"在公司中，根据中国共产党章程的规定，设立中国共产党的组织，开展党的活动。公司应当为党组织的活动提供必要条件"
2007年10月	中国共产党第十七次全国代表大会	新党章规定国有企业和集体企业中党的基层组织发挥政治核心作用，围绕企业生产经营开展工作；支持股东会、董事会、监事会和经理依法行使职权；参与企业重大问题的决策
2016年10月	全国国有企业党的建设工作会议	将国有企业党委定位由政治核心提升为领导核心，强调两个"一以贯之"，同时要求将党的领导融入国有企业治理各环节
2017年4月	《关于进一步完善国有企业法人治理结构的指导意见》	明确党组织在国有企业中的领导核心和政治核心地位
2022年10月	中国共产党第二十次全国代表大会	明确"推进国有企业、金融企业在完善公司治理中加强党的领导，加强混合所有制企业、非公有制企业党建工作"

2. 国有企业党组织的治理效应

国有企业党组织行使监督和公司治理职能，在某种程度上可以有效减少国有企业因所有者缺位和内部人控制导致的一系列委托代理问题（马连福，等，2012）。关于党组织积极的公司治理效应，钱颖一（1995）等学者提出，"党管干部""党管人才"等行政手段能够在国有企业中起到监督作用，由于牢固掌握着对国有企业管理人员的选用和罢免权力，党组织成为国有企业内部制衡和抑制内部人控制问题的最重要平衡力量。在国企内部治理和外部市场的监督激励机制还不完善的情况下，通过政府直接任命企业管理者的行政手段作为一种企业治理与控制举措仍然发挥重要作用，不会被市场手段所完全取代（马连福，等，2012）。党组织的积极监督和干预有助于限制企业管理层的权力滥用行为，进而降低代理成本。此外，"双向进入、交叉任职"的领导制度安排从组织上强化了党组织在公司治理结构中的地位，有利于党组织参与决策，把握公司发展方向。党组织参与公司重大事项的经营决策，有助于从"源头"上防止内部人控制和国有资产流失。

总结而言，根据党的十九大报告对新时期深化国有企业改革的战略部署，要将坚持党对国有企业的领导作为一以贯之的准则，通过实施国有企业党组织与董事会的"双向进入、交叉任职"制度，把党组织"把方向、管大局、保落实"的领导核心和政治核心地位落实到公司治理与企业决策中。但与此同时，党组织在公司治理参与中需要把握好度，将企业经营目标与政府目标分离，需要正确处理好董事会与党委会之间的关系，明确两者的职能定位与边界，不断完善国有企业法人治理结构决策机制。

四、国有企业的公司治理制度建设方向

改革开放以来，国有企业改革始终是整个经济体制改革的中心环节。在经历了"放权让利—建立现代企业制度—资产管理体制改革—全面深化改革"四步走的改革历程后，国有企业在体制融合和机制建设中取得重大突破，在改革中有效促进了国有企业效率提升和国有经济结构优化，国有企业整体发展取得了积极进步和长足发展。但与此同时，国有企业仍亟待解决缺乏权力制衡和有效监督、内部人控制、激励扭曲和中小股东权益保护不足等问题，其归根结底都在于国有企业所有者缺位和"一股独大"的股权结构。未来国有企业公司治理制度建设可以从以下几个方面发力。

在国有股权监管体制上，需要继续推进国有资产管理体制从"管人管事管资本"向"管资本"转变，以清晰区分国资委统一监管职能和出资人职能。一方面，探索用市场化选聘职业经理人的方式来代替原来的"自上而下的政府官员式"国企高管更迭实现路径选择；另一方面，新设或重组国有资本投资、运营公司实现国有资产管理职能转变，以产权管理为纽带，依法通过公司章程，加强公司治理，来围绕"管好资本"这四个字落实出资人的职责，促进国企向专业化经营、市场化管理转变。

在股权结构设计上，引入优秀的战略投资者，特别是优秀的民资背景的战略投资者实现所有制的混合是国企改革实现经营机制和管理体制转化的关键。引入盈利目的明确的民资背景战略投资者的根本目的在于解决以往国企改革尚未解决的所有者真正"上位"的问题。这些新引入的民营资本一方面与国有资本共同承担企业未来经营的风险，通过与原国有控股股东之间形成竞争关系，形成股权制衡的分权控制格局和投资者利益保护长效机制；另一方面也可以借助股东大

会、董事会、股权激励等治理机制有效监督和激励经理人，并由此成为以往国企"一股独大"下国有控股股东决策失误的重要纠错机制。

在内部治理机制上，应重视公司章程在公司治理中的基础性作用，对党组织、股东大会和董事会与管理层的权责关系在章程制度上加以规范。在坚持党组织发挥"把方向、管大局、保落实"作用的基础上，着力优化董事会结构，鼓励以战略投资者为代表的少数股东依据出资比例委派董事，积极外部聘请注重声誉的独立董事，充分落实董事会职责。无论是为了解决国有企业所有者缺位问题，还是为了确保混改引入的中小股东利益不受侵害，高效履职的董事会都大有裨益。同时，应发展和完善国有企业管理层和员工的中长期激励机制，科学设计激励方案，健全长效的激励约束机制，促进国有企业高质量发展，推进共同富裕。

第三章
民营企业公司治理

　　根据东方财富 Choice 提供的数据统计，2020 年及 2021 年所有 IPO 的企业中，超过 80% 的企业为民营企业。与此同时，2021 年民营企业中资产总额超过千亿元规模的达 98 家，比 2020 年增加了 18 家；民营企业 500 强中有 31 家入围世界 500 强企业。除此之外，随着科创板和创业板注册制的实施，资本市场对民营企业的支持力度加大。民营经济已经成为推动我国经济社会发展不可或缺的力量。毫无疑问，民营企业公司治理问题已经成为完善资本市场制度设计的重要方面。

　　首先，本章总体介绍了民营企业发展现状与面临的公司治理问题。其次，本章分别围绕民营企业股权集中度较高和控股股东持股比例较低时可能存在的减持套现、隧道挖掘等现实突出问题讨论了其目前公司治理中存在的问题。再次，本章有针对性地讨论了家族企业和外资企业可能面临的公司治理问题。鉴于民营企业公司治理问题的复杂性，很难给出统一的公司治理建设方向和框架，所以本章将分别在每节结束时，根据具体的公司治理特征提出有针对性的政策建议或建设方向。最后，对整章内容进行总结。

一、民营企业的发展现状与公司治理问题

（一）民营企业发展现状

2018年11月，习近平总书记在民营企业座谈会上的讲话高度肯定了民营企业发展成就，概括了民营经济"五六七八九"特征，即贡献了50%以上的税收，60%以上的国内生产总值，70%以上的技术创新成果，80%以上的城镇劳动就业，90%以上的企业数量。2020年9月15日，中共中央办公厅印发的《关于加强新时代民营经济统战工作的意见》提出，支持服务民营经济高质量发展。近年来，随着深化改革推进，资本市场资源配置进一步优化，对民营企业政策扶持、融资支持力度也明显提升。2022年10月16日，党的二十大报告明确提出"优化民营企业发展环境，依法保护民营企业产权和企业家权益，促进民营经济发展壮大。完善中国特色现代企业制度，弘扬企业家精神，加快建设世界一流企业"。

1. 经营规模与盈利

图3-1至图3-4以民营上市公司作为典型代表，展示了其自2003年以来的资产总额、营业收入总额、净利润总额以及净资产收益率中位数水平的变动趋势。可以看出，党的十八大以来，民营企业规模和盈利能力都得到了较大幅度的提升。

同时，根据2021年民营企业500强年度报告（黄荣，2021），500强企业营业收入总额为35.12万亿元，增长16.39%。资产总额为50.73万亿元，增长37.25%。税后净利润为1.97万亿元，增长41.40%。销售净利率、资产净利率、净资产收益率分别比上年（末）增加0.99、0.45、1.71个百分点，人均营业收入和人均净利润增速较上年分别增加2.31、23.60个百分点。

第三章 民营企业公司治理

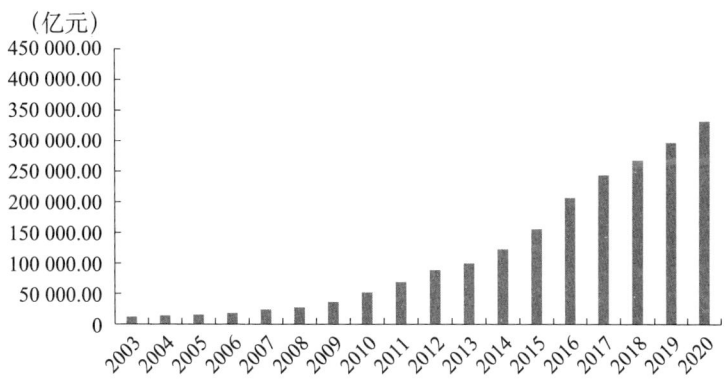

图 3-1 民营上市公司资产总额变化趋势

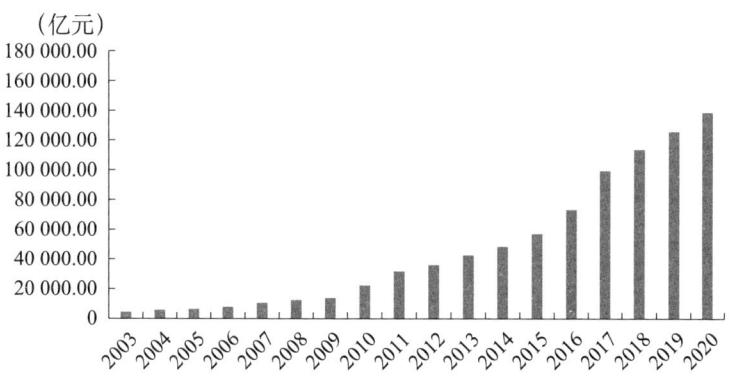

图 3-2 民营上市公司营业收入总额变化趋势

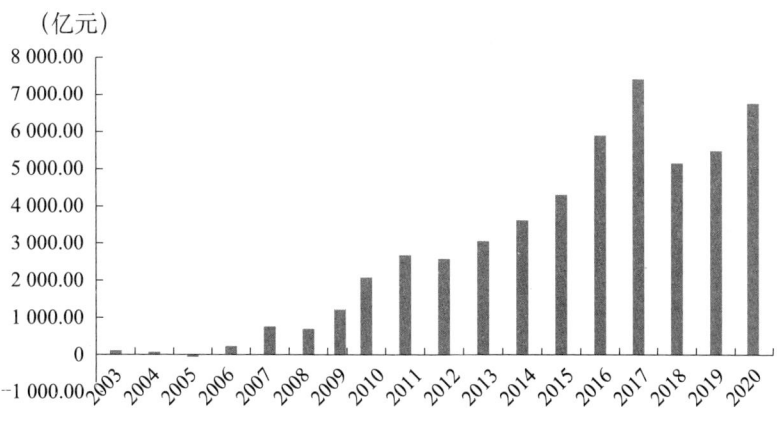

图 3-3 民营上市公司净利润总额变化趋势

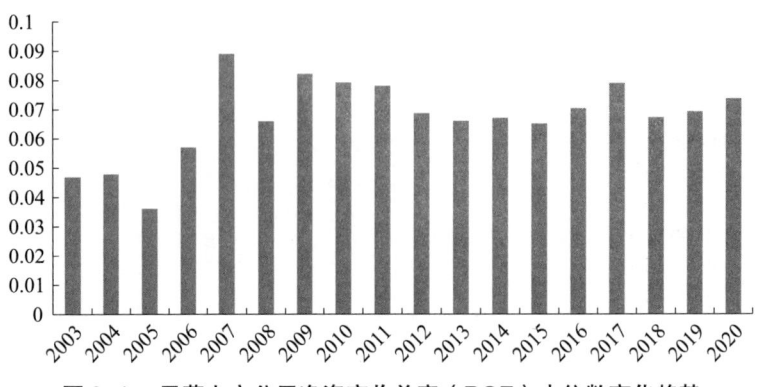

图 3-4　民营上市公司净资产收益率（ROE）中位数变化趋势

2. 研发投入与创新

在现代创新理论的鼻祖熊彼特（Schumpeter）看来，创新当仁不让的主体始终是企业。而企业之所以愿意持续进行创新，原因当然是无法模仿或替代的高质量创新能够产生持续的竞争优势，从而为企业带来丰厚的长期利益（Allred and Walter，2007）。只有大量且长期地投入经济资源来支撑研发活动，企业才有可能获得具有竞争优势的核心技术（田轩和孟清扬，2018）。

图 3-5 以民营上市公司作为代表展示了近年来民营企业研发投入总金额的变化趋势。可以看到，除了 2019 年和 2020 年因为疫情研发投入金额的增长有所放缓甚至下降外，近年来民营企业研发投入总金额呈现不断加速上升趋势，民营企业研发投入总金额超过了 10 000 亿元。同时，根据 2021 年民营企业 500 强报告（黄荣，2021），2021 年民营企业 500 强中研发人员占员工总数超过 3% 的企业达到了 229 家，占比超过 10% 的企业达到 120 家。其中，华为投资控股有限公司以 1 419.00 亿元的研发投入，持续位居首位。民营企业 500 强中，有 394 家企业的关键技术主要来源于自主开发与研制，409 家企业通过自筹资金完成科技成果转化。九成左右的企业已实施或计划实施数字化转型。2021 年，民营企业 500 强有效专利数量较上年增长 3.64%，

国内有效商标注册量较上年增长36.06%。毫无疑问，民营企业已经成为重要的创新力量。

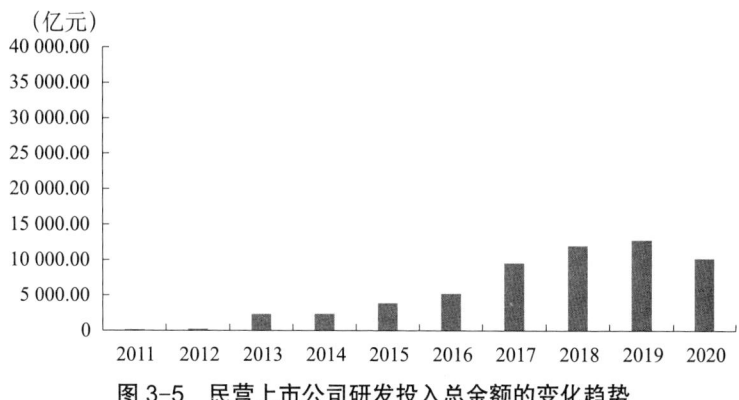

图3-5 民营上市公司研发投入总金额的变化趋势

3. 社会贡献

民营企业不仅是资本市场的重要组成部分，而且为社会提供了大量就业机会。图3-6展示了近年来民营上市公司就业人数总量的变化趋势，可以看到，民营企业提供的就业岗位、容纳的就业人数逐年攀升。据2021年民营企业500强年度报告（黄荣，2021），2021年民营企业500强的员工总数为1 109.11万人，较2020年增长了6.26%，占全国就业人员总数的1.48%。其中，京东集团员工人数最多，达36.91万人。

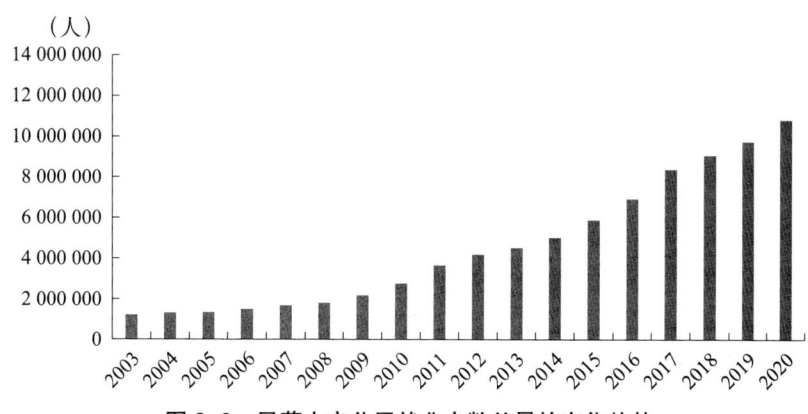

图3-6 民营上市公司就业人数总量的变化趋势

除了提供就业岗位，解决就业问题外，截至 2021 年，民营企业 500 强中有 269 家企业通过公益扶贫、产业扶贫、就业扶贫等方式，参与精准脱贫攻坚战。有 354 家企业参与乡村振兴战略，246 家企业参与"两新一重"建设，183 家企业参与混合所有制改革。有 350 家企业参与了区域协调发展战略，其中，参与长三角区域一体化发展、长江经济带发展、西部大开发、粤港澳大湾区建设的企业数量最多，分别为 170 家、159 家、122 家和 122 家。有 471 家企业采取优化资产结构、专注实体经济、降低财务杠杆等措施，参与防范化解重大风险攻坚战。有 409 家企业采取加强资源节约与利用、引进先进环保技术和装备、加强绿色产品创新等措施，参与污染防治攻坚战。

（二）民营企业公司治理存在的问题

一直以来，"大股东减持套现""隧道挖掘""利益输送""家族纷争""控制权争夺"都是民营企业吸引媒体眼球的关键词，比如真功夫内乱、赶集网纠纷、国美电器控制权之争等。对于如何转型、如何建立现代企业制度等问题，不少民营企业都正在像"小马过河"一样摸索前行（刘江涛，2011）。

在整个摸索前行的过程中，可以看到，股权结构是否合理始终是民营企业公司治理问题的症结所在：当大股东持股比例较高、股权结构较为集中时，大股东减持套现问题就会频发，如何保护投资者利益、维持市场稳定成为公司治理关注的重点；而当大股东持股比例较低、股权结构分散时，因大股东与公司利益一致程度较低，此时利益输送、隧道挖掘行为又会频发，潜在的控制权之争也会给投资者带来巨大风险，如何保护中小股东利益就成为此时公司治理制度设计中值得关注的核心；而无论大股东持股比例高低，对于民营企业尤其是家族企业而言，如何传承都是家族企业为实现长远发展而不得不思考的核心制度设计。除此之外，外资企业因其特殊的股东身份和由此面临的不同的监管政策，其治理模式更为特殊。

与此同时，新经济时代下企业在较短的时间内实现价值快速增加的现实诉求决定了其在业务发展模式上更加注重业务模式的创新，因而相比于传统企业，新经济企业未来发展具有更大的不确定性；而与不确定性更大的业务模式选择相适应，新经济企业在融资模式选择上则更加倚重资本预算软化的权益融资。换言之，在上市之前，多轮权益融资使得公司股权结构更为分散。新经济时代下企业的上述特点决定了新经济企业与传统企业相比在公司治理制度安排上存在以下内在冲突：一方面，新经济企业要快速发展，需要让渡部分权益给外部投资者，以获得企业发展必需的外部权益融资的支持；另一方面，新经济企业希望控制权适度集中以确保创始团队对业务模式创新的主导。以上内在冲突明显会放大股权结构带给民营企业的传统公司治理问题。

图3-7展示了民营上市公司2003—2020年实际控制人（第一大股东）持股比例（中位数水平）的变动趋势。由趋势图可以看出，十几年来，民营上市公司实际控制人持股比例基本稳定，尤其自2010年以后始终维持在33%这一相对控股水平上。

本章接下来将围绕民营企业当前实践中的重点问题，从大股东持股比例较高时候的减持套现问题，到大股东持股比例较低时候的隧道挖掘问题，再到家族企业内部股权（控制权）之争、外资企业公司治理特殊性等问题，逐步展开对民营企业公司治理制度设计中的难点和重点的讨论。

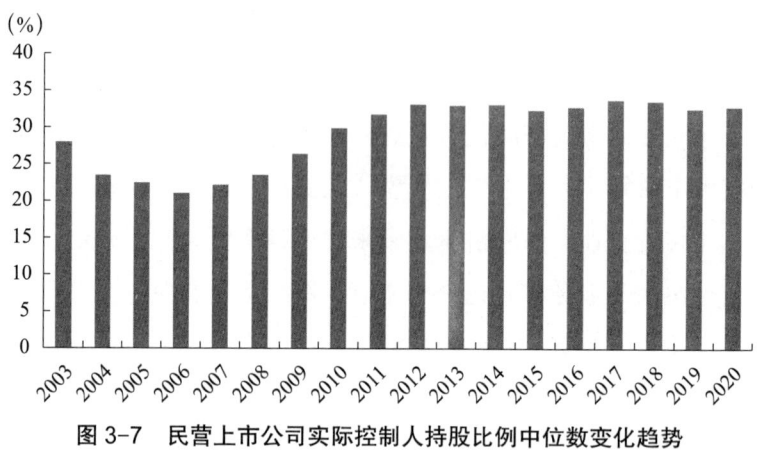

图 3-7 民营上市公司实际控制人持股比例中位数变化趋势

二、高股权集中度下的公司治理问题：减持套现

本节所提及的高股权集中度具体是指公司股权集中在少数股东手中，与股权结构较为分散或分散股权结构这一概念相对应。在此含义下，本节中所有的"大股东"同样包含两方面含义或者说两种类型：其一是指代持股比例最高的控股股东；其二是指代控股股东之外的其他持股比例在 5% 及以上的大股东。

（一）大股东的治理角色

Shleifer 和 Vishny（1986）的经典讨论最早关注到了大股东在公司治理中所扮演的重要角色。由于提高对经理人的监督对于外部分散股东来说是一项"公共品"，分散股东缺少足够的激励来行使监督职能。而当公司股权集中于少数大股东手里时，控制权收益大于监督经理人成本的大股东具有足够的激励监督经理人，并通过投票权迫使经理人按照股东利益行事。因此，在监督经理人方面，大股东的存在能够有效解决分散股东间相互"搭便车"的问题。

除了大股东在公司治理中的积极作用,其还可能引发新的代理成本。Demsetz 和 Lehn(1985)指出缺少多元化资产组合、投资相对集中的大股东需要承担更大风险。Myers(1977)、Acemoglu(1995)发现公司股权的集中会导致内部激励不足,因此,大股东治理面临控制权收益与内部激励不足的两难困境。此外,对经理人的过度监督所导致的企业专用性投资降低也是大股东控制下需要担负的效率成本(Burkart et al., 1997),而这种现象更多出现于"一股独大"的公司中(Bolton and Thadden, 1995)。

我们知道,在股权集中的股权结构中,控股股东对持股比例的任何微调都不啻是向公众传递信号,市场也会对此行为做出反应,从而反过来对企业行为产生较大影响。因此,Bolton 和 Thadden(1998)认为,一家企业的最优股权结构是在由股权分散所带来的股票二级市场流动性收益与一定程度的股权集中形成的对经理人的有效监督的收益"两难冲突"中选择的结果。股票二级市场流动性的收益,成为影响最优股权结构的一个新的因素。

(二)大股东减持动机的理论分析

自股权分置改革以来,上市公司大股东通过减持获得收益的现象越来越普遍。大股东投资上市公司,以合适的股价或有需求时出售股份,是可以理解的,是股东撤资的正常机制。然而,由于内部信息的优势,大股东为了自身利益违规减持的现象越来越普遍。他们通常有很强的选择减持时机的能力,比如故意在股价上升的时候卖出股票,甚至以各种方式操纵股价,大量套现,严重侵害中小股东利益。大股东的随意减持已经成为股市混乱的一个重要原因,也损害了投资者的利益,导致投资者对中国资本市场的信心下降。

从理论层面来看,大股东减持股份的动机可以总结为三个方面:

第一，合理的流动性需求。大股东可能由于战略调整、新项目投入、资金周转等因素有现金流的需求，但是短期内不能通过再融资手段筹集到资金，因此会进行相应的股份减持行为（楼瑛，等，2008；黄志忠，等，2009；蔡宁和魏明海，2009；朱茶芬，等，2009；曹国华和杜晶，2011）。其他大股东也可能会因为公司估值过高、业绩较差、治理机制较差等因素而合理减持（黄志忠，2009；袁渊，2010；蔡海静，等，2017）。第二，套利变现的机会主义行为。毫无疑问，获取控制权私利是控股股东减持的一种动因（刘亚莉，等，2010）。Cohen等（2012）认为只有进行投机交易时才能获得超额收益，一些大股东为了获得超额收益而不择手段进行投机减持。这种机会主义动机主要有以下几种原因：公司股票估值过高，且业绩水平较低，股票的价值远高于公司价值，此时内部大股东利用信息优势获取超额收益（Cohen et al.，2012；Lee and Piqueira，2019）。更有甚者，一些大股东为了配合套现目的而进行正向盈余管理、高送转等（李宁和刘玉红，2009；蔡宁和魏明海，2009）。第三，公司治理结构的需要。大股东通过抛售股票，增加股市的交易量，可以达到稀释股权以降低控制成本的目的（Hellstrom et al.，2009）。

从企业层面来看，大股东套利减持的行为最终会损害企业自身利益。一方面大股东减持往往伴随着掏空效应，侵占公司财富，造成公司资金短缺，影响企业对外投资的资金水平，同时，减持引发的股价下跌会让企业管理层承受很大的业绩压力，从而影响其理智地进行投资决策；另一方面，基于信号传递理论，大股东减持向外界传达了一种负面信息，会增大企业的外部融资壁垒，提高融资约束，进而对企业投资水平和效率造成不利影响。

（三）实践中的大股东减持乱象

近年来，资本市场大股东减持乱象丛生。

1. 减持套现动机强，减持规模大

上市公司内部股东由于二级市场估值水平过高、对公司未来发展悲观、自身资产配置和流动性需求等，有很强的减持套现意愿。据 Wind 数据库统计，2019—2021 年，大股东年均减持次数超过 5 000 人次，减持规模分别达到 6 330 亿元、8 730 亿元和 9 750 亿元。

2. 减持乱象频发

有的公司上市前进行过度财务包装，上市后经营业绩快速"变脸"，股价持续下降，而控股股东等重要股东则不惜代价减持离场。有的公司上市前控股股东持股比例超过 70%，在受减持规则限制不能快速套现的情况下，上市后 9 年内一直忙于减持。更为严重的是，有的上市公司通过信息操纵、盈余管理、过度分红甚至财务造假等各种手段影响股价，掩护内部人高位减持套现。以上行为直接损害了中小投资者利益和投资者信心，对维护股票市场秩序、提升上市公司质量造成了极为不利的影响。

（四）减持监管存在的不足

1. 股东视角

对重要股东减持规定"一刀切"，导致正常减持套现行为扭曲。根据规定，大股东集中竞价交易减持每三个月不超过 1%，大宗交易减持三个月内不超过 2% 且受让方 6 个月禁售，该规定避免了集中、大幅、无序的减持行为。但是，第一，这导致那些急需流动性的股东难以短期变现，甚至不得不通过股权质押、司法拍卖等方式来实现减持变现。第二，拉长了股东的减持周期，当减持前股价较低时，重要股东有强烈的动机采用过度分红等方式获得现金收益，或者释放利好消息提升股价后减持。第三，严格的减持限制实质上提高了股东减持的成本，损害了股东的合法权益，但获得的宏观层面收益并不明显。

2. 市场视角

减持规定限制了股票短期供给，影响市场合理定价，降低了定价效率。一方面，在IPO定价阶段，由于重要股东面临强制的锁定期和减持限制，短期内股票供给不足，并且市场难以对尚未发生的股东减持行为充分定价，从而导致限售股东持股比例越高，往往IPO定价越偏高。另一方面，在上市后阶段，大量股票短期内不能上市交易，市场预期减持前会释放利好消息，为游资短期炒作、控盘留下了操作空间。

3. 公司视角

对控制权转移风险和控股股东不尽职的防范不够。控股股东的持续减持和大比例股权质押行为，会影响上市公司控制权的稳定性，增加上市公司可持续经营发展的风险。控股股东忙于设计各种方式减持套现，甚至陷入控制权争夺，必然导致精力分散，无暇顾及公司长期发展。现有监管政策并未采取充分措施对以上行为进行约束和防范。

4. 监管视角

过分强调维持股价稳定的监管理念有待改变。在资本市场非常脆弱的时期，监管干预以维持股价稳定、防止出现系统性风险，是监管的应有之责。比如2015年股灾期间，监管部门在非常时期推出必要的限售政策，对维持股市稳定、控制资本市场风险外溢具有重要的积极作用。但在正常时期，监管不应该以维持股价为出发点。过分强调维持股价稳定，从供给侧限制重要股东减持、防止冲击市场，其必要性值得评估。在减持政策收紧的2016—2019年期间，重要股东减持金额占A股市场成交量的比例为0.50%～0.56%，而在减持政策放松的2020年和2021年，重要股东减持占比分别下降为0.42%和0.38%。

由此可见，重要股东减持交易占市场交易总量的比例非常小，尽管减持政策对重要股东的减持行为有直接影响，但在降低减持对股价的冲击程度方面作用并不明显。因此，减持政策过于低估市场的承受能力，相比之下，由此带来的扭曲反而更为严重。

（五）建设规范大股东减持行为的公司治理制度框架

1. 减少重要股东减持限制，提高股票定价效率

对于重要股东持有的 IPO 前发行的股票，取消集中竞价 1% 和大宗交易 2% 的减持限制。这样做的好处是，重要股东在符合规定的情况下可以快速减持套现，资本市场必须充分考虑这种行为对股票估值的影响，从而将此融入 IPO 定价中，提高定价效率。公司上市后，由于大股东减持威胁一直存在，在规定条件下随时可以实施大量减持，因此二级市场定价偏高现象可以得到缓解，大股东通过信息披露、盈余管理等手段影响股价的空间也会被压缩，从而提高二级市场定价效率。另外，大股东通过影响股价而高位减持的机会也会大幅度减少，有利于股票市场稳定。

2. 引导上市公司优化股权结构、降低重要股东大比例减持动机

长期以来，控股股东持股比例过高导致了中国资本市场的诸多顽疾，但"一股独大"现象引发的公司治理问题迟迟未得到有效解决，主要原因之一就是大股东持股有严格的减持比例限制。一旦大股东减持比例限制取消，那么上市前控股股东持股比例越高，上市后减持的压力就越大，因此 IPO 定价就越保守。公司上市后，由于大股东减持威胁一直存在，在规定条件下随时可以实施大量减持，因此大股东在二级市场高位减持大量股份的难度也会提高。这样会引导和倒逼控股股东在 IPO 之前就降低持股比例、优化股权结构，从而缓解"一股独

大"引发的公司治理问题,并且实现在股票供给角度从根本上减少大股东减持套现乱象。

3. 完善对忽悠式减持的限制机制设计,加大处罚力度

对于 IPO 后业绩快速"变脸"、业绩连年低于行业水平的公司,以及在控股股东过度股权质押、大比例减持等控制权出现转移风险的情况下,对重要股东的减持行为应该设定减持比例限制,可以考虑引入限制其投票权、投资者保护机构(如投服中心)代理投票等机制。

4. 监管需要兼顾股票市场的扭曲和系统性风险,不能以维持个股的股价稳定为出发点

以维持个股股价稳定为目标的监管虽然有利于保障资本市场的股权融资功能,但也会带来市场、公司和投资者各个主体的更多行为扭曲和成本,其负面影响不可小觑。因此需要充分考虑市场对重要股东减持的承受能力和监管导致的经济后果,从宏观上权衡利弊。

三、控股股东持股比例较低的公司治理问题:隧道挖掘

本节主要讨论控股股东持股比例较低可能引发的公司治理问题。值得说明的是,除了传统可能导致控股股东持股比例较低的因素外,新经济时代下企业业务模式的变更,尤其是上市前"烧钱"模式的盛行,更是加剧了控股股东持股比例较低、股权结构分散的可能。控股股东持股比例较低可能引发的利益输送、隧道挖掘等公司治理问题在新经济时代下变得更为突出。

(一)现金流权与控制权分离下的股东利益冲突

公司治理传统上关注的是现代企业由于所有权与经营权的分离而产生的经理人与股东之间的利益冲突,这集中体现为 Jensen 和

Meckling（1976）所提出的"代理成本"研究范式。即围绕生产经营管理（由所有权与经营权的分离所导致）的信息不对称，股东和经理人之间存在委托代理关系，需要通过构建合理的公司治理体系来降低经理人的代理成本（例如，经理人持股将使其在一定程度上与股东的利益协调起来）。然而，La Porta 等（1999）利用 27 个发达国家或地区的数据，研究发现，大股东集中把持着大企业的股权，如何限制大股东剥削中小股东利益成为全球大企业中最重要的委托代理问题。对东亚、欧洲和中国的研究也都表明大股东和中小股东间的利益冲突已成为十分重要的公司治理问题（Claessens et al.，2000；Faccio and Lang，2002；Berglof and Pajuste，2003；张华，等，2004）。

Behchuk 等（1999）阐释了三种大股东实现现金流权与控制权分离的模式：第一种是同股不同权；第二种是金字塔控股结构；第三种是交叉持股。我们以金字塔控股结构为例来说明控股股东和外部分散股东如何发生利益冲突。考虑一个家族（最终所有者）拥有 A 上市公司 50% 的股份，A 公司拥有 B 上市公司 30% 的股份，B 公司又拥有 C 上市公司 40% 的股份。假定一个持有大于或等于 30% 股份的股东将成为该公司的控制性股东。那么，处于企业集团金字塔塔尖的最终所有者对 C 上市公司具有哪些权力呢？首先是现金流权，它指的是最终所有者依据实际投入目标公司的资金所享有的按比例分享剩余的权力。最终所有者在 C 公司的现金流权为 50%×30%×40%=6%。即在 C 公司中只有 6% 的资金来自作为最终所有者的家族。其次是控制权，它指的是最终所有者由于所处的控制性股东的地位而对目标公司未来经营方向等决策所产生的影响力，主要体现为对董事会议案的投票表决权等。则该家族对 C 公司的控制权为 min（50%，30%，40%）=30%。可以看到，最终所有者在金字塔结构中虽然只拥有 C 公司 6% 的现金流权，但实现了对 C 公司 30% 的控制权，从而实现了所谓控制权和现金流权的分离。

控制权和现金流权分离后，最终所有者有激励利用其对处于金字塔底端公司的生产经营管理决策的实际影响力，通过内部交易转移资源的链条源源不断地把底端公司的资源输送到最终所有者具有更多现金流权的处于金字塔顶端的公司中，使得最终所有者在对处于金字塔底端的公司实际付出较少现金流的情况下，却可以获得较多的回报。公司治理文献（Johnson et al., 2000; Glaeser et al., 2001）把上述资源转移行为称为隧道行为，产生的效应相应地被称为隧道效应。当隧道效应发生时，意味着孙公司被子公司掠夺，而子公司又被母公司掠夺，如此不断。

（二）隧道挖掘的传统方式

Johnson 等（2000）第一次对"掏空"进行了明确定义，将其用于界定公司控制者转移公司资产和利润的行为，一种表现为直接对公司资源的偷盗窃取，或通过公司定价优势和补偿等间接渠道实现，另一种是通过股权稀释和内幕交易等提高自身的持股比例。在实际操作过程中，这种掏空行为的复杂性和隐蔽性使得其很难得到法律层面的制裁。Betrandr 和 Mehta（2002）提出了衡量掏空程度的方法：假设控股股东持股比例低的公司受到外生影响，利润大幅增加，那么掏空行为就会出现，这样控股股东持股比例低的公司的利润会少于与外生影响相匹配的应有数额，而控股股东持股比例高的公司即使没有直接受到这种外部影响，利润也会增加，这个额度可以用来衡量掏空的程度。

通常来说，除了以资产出售和转移定价等方式实现的关联交易外，在我国的制度背景下，现金占用和贷款担保成为最终所有者进行隧道挖掘，从而实现资源转移更为常用的两种方式。

①现金占用（cash appropriation）。当母公司遭遇短期资金周转困难时，可以利用控制权从子公司转移一笔资金到母公司。上述资金转移事实上是母公司对子公司的资金占用，在会计科目中体现在子公司的"其他应收款"上。有时，为了满足膨胀的资金需求，母公司促使子公司不断利用在我国相比于债务融资而言融资成本较低的权益融资进行"上市圈钱"，使作为上市公司的子公司成为"母公司的提款机"。

②贷款担保（loan guarantee）。贷款担保原本指的是债权人在向债务人提供债务融资（发放银行贷款或发行企业债券）时，要求债务人提供担保，以保障债权人资金安全的举措。然而，在我国的制度背景下，一些企业集团为了获得银行的贷款，利用控制权要求由资信更好的上市子公司来进行担保，使子公司被迫承担与之收益不匹配的财务风险。

在公司治理实践中，现金占用和贷款担保与关联交易一样成为公司独立董事关注的重点。

（三）特殊的掏空：与经销商合谋

事实上，除了上述掏空方式外，实际上在控股股东持股比例低的条件下，对于制造业企业来说，实际控制人也可以通过将出厂产品以更低的价格出售给经销商，进而经销商获得更高的利润，反过来经销商再给予大股东一定回报的方式来实现掏空。我国制造业民营企业主要集中在行业中下游，对总资产规模进行统计后可以发现，2020年民营工业企业在煤炭开采、石油开采等七大上游行业中的占比仅为3.6%，而在中、下游行业中的占比分别达到66.1%和30.3%。中下游企业制造的产品大多通过经销途径进行销售，经销商帮助企业隔离了风险，对产品流转和交易效率的提高也有贡献。民营制造业上市公司营业收入及客户销售占比年度统计如表 3-1 所示。

表3-1　民营制造业上市公司营业收入及客户销售占比年度统计

年份	营业收入均值（亿元）	营业收入中位数（亿元）	前五大客户销售金额占比均值（%）	前五大客户销售金额占比中位数（%）
2003	10.07	5.42	28.93%	24.37%
2004	11.50	5.67	28.76%	23.00%
2005	12.54	5.95	29.83%	24.35%
2006	14.16	6.74	29.38%	24.34%
2007	17.16	8.23	29.14%	23.72%
2008	18.54	8.74	29.14%	23.27%
2009	16.90	7.53	29.83%	24.63%
2010	19.49	8.31	31.70%	27.07%
2011	23.05	9.58	30.77%	25.38%
2012	22.93	9.74	31.09%	25.01%
2013	26.26	11.26	31.06%	24.92%
2014	27.73	12.11	31.12%	25.01%
2015	27.68	11.59	31.28%	26.65%
2016	29.92	12.62	32.70%	26.88%
2017	34.19	13.58	32.79%	26.97%
2018	38.22	15.01	32.79%	27.65%
2019	38.64	14.79	33.46%	28.59%
2020	38.87	13.68	35.43%	30.14%

资料来源：根据 CSMAR 数据库整理。

制造业公司控股股东持股比例较低时，控股股东难以通过控制其他公司转移现金流以谋取私利，但仍可以通过与下游经销商协商，向经销商进行利益输送，经销商再提供回报，这样双方都会得到好处，但损害了公司其他股东的利益。如果存在公司向下游经销商进行利益输送的情况，最直接的体现应该是销售价格的降低。销售价格是公司将产品出售给经销商的价格，通过压低出厂价格，经销商可以以低价买入，再以更高的市价卖出，赚取更多利润，这样相比于不压价出售,本来应该归属于公司的部分利润被转移给了经销商。如果销售产品的数量不变,公司的销售收入将会下降,体现为主营业务收入的下降,这种下降应该是相对于同行业其他公司而言的。从表3-2的确可以看出在实际控制人持股比例较低时,民营制造业上市公司的营业收入低于实际控制人持股比例较高时的营业收入水平。

表3-2 民营制造业上市公司营业收入的均值差异检验　　单位:亿元

	大股东持股比例低		大股东持股比例高		均值差异
	观测值	均值	观测值	均值	
营业收入	8 407	12.30	8 418	11.09	1.21***

说明:*** 表示在1%水平上显著。
资料来源:根据CSMAR数据库数据统计而得。

销售费用包括运输费、参展费、职工薪酬和差旅费等。一方面,可能出于维护公司对外形象和隐藏利益输送行为的动机,公司不便将压低售价带来的影响全部体现在营业收入上,而是通过增高费用来解释利润的减少。另一方面,销售部门是公司对经销商进行利益输送时起关键作用的一环,管理层分得利益后也会给予销售部门相关销售人员一定的好处,驱使其配合公司与经销商达成交易,因此体现为相关职工薪酬的增加,引起销售费用的增加。基于上述营业收入和销售费用的变化,在利益输送行为不影响营业成本的情况下,最终体现为利润的变化。在经销商方面,一方面如果公司有向下游经销商进行利益输送的意图,这一信号的释放会吸引众多经销商前来商议,希望获取一份利益。另一方面,公司仅与一家经销商达成利益互惠协议可能面临较大的风险,该经销商可能以曝光与股东和管理层之间的交易为条件提出瓜分更多利益的要求,公司对此没有议价条件。而如果与多家经销商形成利益输送关系,股东与管理层可以在不符合自身利益诉求的情况下随时终止与一家的合作关系,同时仍拥有其他经销商回报的保障，而且经销商之间也相互制衡，不容易出现一家经销商话语权超过公司的情况。因此，制造业民营公司控股股东持股比例越低，公司相对同行业其他公司的经销商集中度越低。从表3-3的确可以看到，对于民营制造业上市公司而言，其经销商的集中程度是更低的。

表3-3 民营制造业上市公司经销商集中程度的均值差异检验（%）

	大股东持股比例低		大股东持股比例高		均值差异
	观测值	均值	观测值	均值	
经销商集中度	8 407	32.53	8 418	31.78	0.75**

说明：** 表示在5%水平上显著。
资料来源：根据CSMAR数据库数据统计而得。

因此，实际上在控股股东持股比例低的条件下，股东也可能与管理层合谋，向下游经销商进行利益输送，再分得经销商给予的回报，这种行为同样侵害了其他股东的权益，不利于公司的整体发展。

我国制造业企业中民营企业数量占比很高，民营制造业企业的经营情况直接与落实我国的有关国家战略挂钩，作为基础产业也对我国实体经济的发展有着重大影响。面临"一带一路"倡议等带来的众多机遇，再加上各部门对优质制造业企业上市融资等各方面的支持，企业应该抓住机会，为国家制造业做大做强贡献力量。但是目前在制造业企业经营过程中存在着种种乱象，其中一种就是企业与下游经销商的模糊关系，彼此之间可能存在利益交易。

（四）隧道挖掘的经济后果

股东与经理人之间存在代理成本问题，大股东可以对经理人起到监督作用，减少代理成本，但是随着现金流权与控制权的分离，大股东有转移公司资产、利润到其拥有较高所有权公司的动机，这种掏空行为侵占了小股东的权益，会对公司整体和金融市场造成负面影响。

掏空显然会侵占少数股东的权益。Bae 等（2002）考察了 1981—1997 年期间的韩国并购活动，韩国公司面临较弱的监管而且公司权力普遍高度集中，为研究掏空提供了理想环境。该研究认为并购在一定程度上是开展掏空活动的掩护，控股股东持股比例高的公司开展并购后，该公司回报率显著下滑，小股东利益严重受损，而同一集团的其他公司回报率大幅提升。Peng 等（2011）使用中国上市公司关联交易的数据作为掏空的直接衡量指标进行了研究，发现在中国，上市公司财务状况良好意味着被退市和停止发行新股的风险小，在这一背景下其控股股东更有动机掏空上市公司。Baek 等（2006）研究了内部证券发行作为韩国财阀掏空渠道的现象，内部证券发行受到的投资者和监管方的关注较低，集团公司控股股东会溢价或折价将证券出售给其拥有较高所有权的公司以谋取私利。邓建平等（2007）发现，在我国国有企业改制过程中，改造不完全的公司控股股东持股比例高，对应出现的资金占用程度高，对其他小股东的股利分配更少。掏空对整个经济的资源配置效率也有负面影响。Morck 等（2000）的研究表明，公司间的收入转移可能会降低公司特定信息对风险套利者的有用性，从而阻碍其资本化为股票价格。Wurgler（2000）对金融市场的资源配置效率进行了研究，认为至少存在三种提升资源配置效率的机制，其中一种是加强中小投资者的权益保护，这可以减少自由现金流的无效投资。

（五）建设缓解隧道挖掘的公司治理制度框架

1. 正确认识金字塔股权结构的作用

一方面，我国金字塔股权结构普遍存在，现金流权与控制权的分离使得最终所有者利用隧道挖掘损害外部分散股东的利益，导致股东之间的利益冲突。成为最终所有者隧道挖掘实现手段的关联交易、资金占用、贷款担保等现象无疑是金字塔股权结构下的监管重点。另一方面，金字塔股权结构实际也充当着内部资本市场的角色，成为外部资本市场不健全和法律对投资者权利保护不足的替代。然而，随着外部资本市场的健全和法律的逐步完善，鉴于金字塔股权结构目前已蜕化为实际控制人获得超级控制权的制度温床，我国资本市场也许已经到了向金字塔股权结构说"不"的时候。

2. 完善董事会监督机制

作为联结股东和管理团队之间的纽带以及诸多公司治理机制发挥作用的平台，董事会毫无疑问构成公司治理的核心，而董事投反对票也被视为最有效的监督机制（郑志刚，2022）。为保证董事能够顺利通过投反对票来发挥其监督职能，一方面应以实际控制人所持股份比例为上限，保证其责任承担能力与控制能力对等，另一方面也需完善累积投票权制度，保证代表中小股东利益诉求的董事能够在董事会选举中胜出。与此同时，从董事选聘视角出发，建议除了考虑年龄、性别、教育背景等，董事委派来源也应当成为董事选聘以及评价董事会治理有效性的不可忽视的因素。而从公司治理长远目标来看，董事会构成应以独立董事为主，使不同的利益诉求形成合理的制衡。在欧美上市公司股权高度分散的治理模式下，董事会成员结构以除CEO外其余全部为独立董事为流行实践，超额委派董事现象并不典型。在我国一定范围内存在的"任人唯亲"的董事会文化背景下，说"不"的董事本就较为稀缺，而实际控制人超额委派董事的行为又进一步使得董事投反对票机制愈加难以实现。作为预期监督效果发挥作用的重要前提，恰当的董事会成员结构设计、避免实际控制人超额委派董事的干扰作用将成为未来公司治理制度设计的考虑因素之一（郑志刚，2019）。

3. 加强对供销关系的规范和监督

一方面，经销商与企业的密切关联使得企业业绩的真实性受到了质疑，另一方面，制造业企业有动机也有能力与下游经销商形成利益交换关系，控制人将利润进行转移，牺牲了其他股东的利益并且对企业整体的实际生产活动造成了负面影响。在此背景下，各监管方不仅需要注意大股东控股可能造成的资金占用等行为，更要加强对制造业企业与下游经销商关系的监察，警惕在控股股东持股比例低的情况下可能出现的利益输送问题。

4. 鼓励并购重组市场发挥其外部治理作用

作为重要的外部治理力量，并购重组一直是完善公司治理的"助推器"。当下，多层次的资本市场逐步形成，股票发行注册制、退市制度等改革稳步推进，为上市公司并购重组市场的发展提供了巨大的空间。世界银行原行长沃尔芬森（Wolfensohn）曾说，对世界经济而言，完善的公司治理和健全的国家治理一样重要。并购重组市场特别是公司控制权市场的充分发展，能够对公司现有管理层起到约束和惩戒作用，促进管理层忠实地履行职责，为全体股东利益勤勉尽责，从而提升公司治理水平和管理效率；能够通过市场化方式，调整上市公司股权结构，改组董事会，改变公司对管理层的激励方式，从而优化和改进公司治理。

当前，我国经济正处于结构调整、转型升级、爬坡过坎的关键阶段。打造一个规范、透明、开放、有活力、有韧性的资本市场，提高上市公司质量，离不开一个高效、规范的并购重组市场（蔡建春，2019）。

四、家族企业公司治理

（一）家族企业传承问题的理论分析

家族企业的定义：公司第一大股东的最终控制人为自然人或家

族，且最终控制人的家族成员担任过公司高管、董事、监事的人数不少于 2 名（Anderson and Reeb，2003；Villalonga and Amit，2006；吴超鹏，等，2019）。

家族企业传承的定义：传承之后，创始人不再担任董事长和 CEO，且在传承之后创始人家族仍然是家族企业的最终控制人。本书选取 2004—2015 年间完成企业传承的上市家族企业作为样本（吴超鹏，等，2019）。

Villalonga 和 Amit（2006）以及 Fahlenbrach（2009）的研究发现，创始人管理的家族企业表现最好。然而，家族企业终究要面对创始人退位后的企业传承问题，且传承过程往往会损害公司价值。因此，对继任者的选择对于家族企业传承至关重要（Villalonga and Amit，2006；Bennedsen et al.，2015；朱晓文和吕长江，2019）。理论上讲，传承给职业经理人与传承给家族内部成员这两种传承模式各有利弊。

具体来说，根据已有文献的研究，内部继承对家族企业的积极作用可能有如下几个方面。第一，内部继承有利于创始人能力和专有知识的传承。一般而言，企业创始人是在本行业从事很长时间的业界专家，往往在所在行业具有特定的行业经验与技能（Villalonga and Amit，2006；Fahlenbrach，2009）。内部继任者往往是创始人的后辈子孙，具有长远发展意识的创始人会对其继任者进行系统的培养和锻炼，逐渐传承自身的经验与能力。同时，相较于聘请职业经理人，创始人往往对于内部继任者有更大程度的信任，在家族成员继任后，企业创始人更可能对其加以帮助和扶持（魏春燕和陈磊，2015），这也能降低这些特有经验和技能的外溢风险和专有成本（Kim and Valentine，2021）。第二，内部继承有利于企业更多地开展创新。家族继任者风险容忍能力一般要强于职业经理人，在进行投资决策时不会因为自利而过于短视。首先，已有研究表明家族内部的继任者更容易坚守长期发展的目标（Anderson and Reeb，2003；朱沆，等，2016）。其次，家族内部继任者的薪酬和离职情况对公司短期经营状况并不是那么敏感，并且内部继任者作为实际控制人，其权力来源更具有合法性且掌控力更强（Chen et al.，2013），上述原因使他们相较于职业经理人而言不用太担心创新失败带来的被解雇风险。最后，就情感和信任而言，职业经理人的变革想法相对来说更不容易被家族企业实际控制人以及家族内部其他管理层认同，导致变革困难重重（陈凌和应丽芬，2003）。第三，内部继承不会带来更高的代理成本。家族内部继承不会存在所有权与控制权严重分离的问题（Villalonga and Amit，2006；姜付秀，等，2017）。同时，传承给家族成员，也更符合中国人传统的家族主义价值观。而传承给职业经理人，由于我国的证券监管制度还不够完善，因此如果股东对职业经理人监督不力，则职业经理人很可能会为了私人利益而损害公司和股东利益。

然而在传承中选择外部职业经理人也并非全无益处。第一，职业经理人会比内部继任者的开拓精神更强。严若森和吴梦茜（2020）指出社会情感财富保存动机会使得决策者的创新保守倾向更为强烈，且传统文化情境下子辈也更不愿意或更不被期待对父辈创办的企业进行大刀阔斧的改革（赵晶，等，2015）。内部继任者毫无疑问对企业具有比职业经理人更高的情感依赖，这无疑减弱了内部继任者相较于职业经理人的开拓精神。Mullins 和 Schoar（2016）也发现家族成员继任者倾向于维持原有战略。相反地，职业经理人在传承后更加倾向于重构表现较差的企业（Cucculelli 和 Micucci，2008）。祝振铎等（2021）的研究也表明无论内部继任者有多高的风险容忍度，内部继任者较低的开拓精神都会导致其很少进入新的创新领域，使得创新边际报酬递减，无法实现更多的创新产出。第二，职业经理人因为是通过竞争上任的（Chang and Shim，2015），往往具备较强的管理能力（Bennedsen et al.，2007；Islam and Zein，2020），而内部继任者更多是因为创始人和家族其他成员的信任才得以继任（吴超鹏，等，2019）。换言之，即使家族成员管理经验不如职业经理人，创始人也可能倾向于让其接班。因此，相比于家族继任者，职业经理人往往具有丰富的管理经验。

（二）中国家族企业代际传承中的文化烙印

中国传统社会的人际关系具有差序性，形成以自己为中心，按家人（亲人）、熟人、生人的次序，关系由亲向疏的圈层格局（费孝通，1947）。受此传统观念影响，家族企业的创始人通常更信任家族成员，因此家族成员接班成为中国家族企业传承的主流模式。据 Wind 数据库统计，在近十年内发生了传承的家族企业中，接近 70% 都是家族成员接班，而仅有 30% 左右为职业经理人继任。

Polanyi（1957）指出，市场中的行动者的行为总是受到外部诸多复杂社会因素的影响，与理论分析中完美的无交易成本环境不同，真实的经济行为存在于各类社会关系中。经济制度就是建立在各种社会关系上的社会网络所形成的具体的社会结构，而个体行为内嵌于社会结构之中。Zelizer（1988）更是指出，市场是由文化和社会架构而成的，是在特定的文化情境下产生的一系列的社会关系。而社会关系中的各类原则、期望等因素会通过影响经济活动的成本和可用技术进而影响经济主体的行为决策。正是因为文化不同，社会关系不同，即便是在相同的技术条件下，社会产出也会显著不同（Granovetter，2005）。

正是基于上述原因，学者们在探究公司金融问题时开始越来越关注文化的作用。例如，戴亦一等（2016）从地域文化角度、赵子乐和林建浩（2019）从商帮文化角度、辛宇等（2016）从宗教文化角度、许年行等（2019）从宗族文化角度分别讨论了文化对企业融资约束、经济绩效、公司治理效率等方面的影响。

Gómez-Mejía 等（2007）、许永斌和惠男男（2013）从社会情感财富理论的角度来解释家族企业内部传承的强烈意愿，认为内部继承不仅能给家族所有者带来物质收益，还可以满足家族的情感需求。创始人对企业的情感价值越大，家族企业代际传承的欲望越强烈。Burkart 等（2003）的研究同样发现当家族控制带来的潜在愉悦很大时，更可能是家族内部继承。此外，赵宜一和吕长江（2015）指出亲缘关系能够在企业内部提供有效的激励和约束，这也增加了企业内部传承的可能性。

在中国资本市场实践中，家族企业传承过程同样不可能脱离文化传统、社会关系而存在。毕竟，"家族主义"是中国文化的核心内容之一，"家"是中国最基本的社会关系和最基本的社会单元（福山，1998）。许烺光（2001）指出父子关系是支配中国家庭的主要结构关系，也导致了中国人对家庭延续有追逐的渴望。因此，进入传承阶段的中国家族企业创始人通常会表现出在家族内传承的强烈意愿。考虑传统文化的影响后，我们就不难理解为何在近十年内发生了传承的家族企业中，接近 70% 都是家族成员接班。

（三）控制权之争：职业经理人应该忠于大股东还是忠于企业

对于家族企业的控制权问题，同样引人关注的是职业经理人夺权问题。2009 年 6 月，国美电器控制权争夺战爆发。该控制权之争持续了近两年，直至 2011 年 3 月，最终以原大中电器创始人张大中出任国美电器董事会主席、非执行董事，而职业经理人陈晓以私人理由辞去国美电器董事会主席及执行董事而画上句号。两年时间里,以陈晓为代表的董事会高层及贝恩资本等利益绑定方,与以创始大股东黄光裕为代表的黄氏家族在控制权方面展开了激烈的博弈争夺。①

有趣的是,据有关机构统计,作为职业经理人的陈晓的控制权争夺行为的网上反对票率高达 85%。付明德(2010)站在企业的立场,认为陈晓的一系列行为并没有任何可指责的地方,毕竟无论是在危难之时带领国美电器走出危机,还是引进全球私人投资公司贝恩资本,于公司发展而言都是有利无害的。然而,徐细雄(2012)则是站在控制权私利的视角,指出以职业经理人陈晓为核心的高管团队通过多种"隧道"攫取控制权私利,是引发国美电器控制权争夺的关键。值得说明的是,控制权私利不仅仅表现为经济利益,也表现为权力和地位的巩固以及权力带来的巨大成就感、满足感和声誉等(Hart,2001)。

国美电器控制权之争引发的一个自然而然的思考就是职业经理人究竟应该忠于大股东还是应当忠于企业。

事实上,以职业经理人陈晓为核心的董事会代表所有股东的利益,而不仅仅是大股东的利益,这点是合乎公司治理逻辑的,但为了争夺国美电器控制权,董事会实施了一系列"去黄化"行动,并拒绝创始大股东黄光裕的利益诉求,这从职业经理人的道德视角和信托责任角度来看是不合理的。

家族企业创始人(大股东)和职业经理人的合作,是一个需要逐步摸索渐进的过程。家族企业在引入职业经理人时,必然会要求首先要忠诚,其次要有能力。虽然跟着创始人打江山的老部下忠诚,但由于他们的知识结构无法跟上企业的发展需要,随着这些老部下年龄越来越大,创始人就不得不从外部引入新鲜血液,其中就包括大量与创

---

① 相关案例详见:陈东华.职业经理人的两难困境:忠实于大股东还是企业?——基于国美电器控制权之争的思考.财会通讯,2016(2):85-87.

始人非亲非故的职业经理人。如果创始人与职业经理人之间的信任出现问题，企业的经营就会遇到很大的困难。

解决职业经理人关于忠诚指向的问题，在于创始人对企业的定义，如果他仅仅认为企业是自己的或者自己家族的，那么他所能接受的忠诚模式也只能是个人忠诚；如果他认为企业是所有成员的共同事业，那么企业忠诚就能够取代个人忠诚，占据主导地位。因此，树立共同愿景，是永葆职业经理人忠诚度的秘方。职业经理人应该忠实于全体股东，忠实于企业，而不仅仅是大股东，但不能为了争夺控制权而不顾大股东的利益诉求，甚至是与创始大股东进行对抗。

（四）建设规范家族企业代际传承的公司治理制度框架

1. 重视文化的影响

美国著名管理学大师德鲁克（Drucker）曾说："管理是一种社会职能，隐藏在价值、习俗、信念的传统里，以及政府的政治制度中，管理也是文化，它不是无价值观的科学。"不同国家文化背景、社会结构相异，经济行为的交易成本自然也不同。因此，在设计公司治理机制时，既应该考虑到全球共通的一面，也应该融入地方性特殊文化背景。

毫无疑问，中国传统文化对企业家行为会产生重大影响，不管是民营企业主还是职业经理人，在进行行为选择时无不烙上了传统文化的印记。儒家思想是中国传统文化的重要内容，对市场经济下现代企业管理思想的完善具有一定的积极意义。很明显，在中国以"家"为核心的文化背景下，传承给内部继任者相对来说更符合传统文化的期待，也许交易成本更低。

2. 健全继任者能力培养机制

杰尼亚将家族人才的培养和发展看作家族所有权延续的前提。家族企业如果准备选择家族成员作为继任者，在传承前应该加强对家族继任者的开拓精神、管理技能的培养，并逐步丰富其与政府打交道的经验，方能使其在继任之后继续引领企业的技术创新，增强企业的长期竞争力，做到家族企业的基业长青。

每一个企业家"二代"几乎都在优越的环境下长大，这使得企业家"一代"要激发下一代追求卓越的野心和对胜利的渴望更加困难，如何分阶段培养继任者则成为家族财富传承的重要任务之一。

在任何地方，要培养家族继任者，再明确的规定、再严厉的监督，都不如有来自家族的成员在家族企业服务更有效。家族人才治理就是"在正确的房间里有明确任务的正确的人"，也即在关键的位置上有自己的人。在这种情况下，健全继任者能力培养机制，不仅意味着所有权与管理职位的传承，还需要辅助继任者参与家族企业治理证明自身价值，取得利益相关方的信任，从而实现家族权威的顺利交接，防止家族企业在交接过程中可能引发的企业价值巨大折损（陈德球和徐婷，2023）。

3. 发展成熟的职业经理人市场

在未来，发展成熟的职业经理人市场是必然趋势。首先，需要建立和完善职业经理人市场机制，包括非正式制度，如职业经理人市场声誉机制。中国正处于经济社会转型期，职业经理人市场仍有待进一步完善，一些职业经理人往往缺乏诚信责任、良好的职业道德和职业行为素养。因此，建立一个完整健全的职业经理人市场声誉机制是必要的，可以提高职业经理人声誉受损所带来的成本，从而约束职业经理人的行为。同样地，只有在建立完善的职业经理人市场机制之后，家族企业的创始大股东才会有信心将控制权转让给职业经理人，这样才能形成高效的职业经理人治理机制。在健全职业经理人市场的过程中，科学的职业经理人资格认证评价体系有助于改善目前国内职业经理人市场的混乱现状；契约化管理是实现企业职业经理人市场化的关键，健全的管理制度是保障职业经理人制度有效推行的前提；选聘职业经理人程序合法合规是企业开展职业经理人制度建设的重要前提；职业经理人制度的建立有赖于完善的法人治理结构、规范的职业经理人管理机制以及健全的职业经理人市场。

其次，应当重视上市公司内外部人等社会资本的监管治理和支持作用。上市公司内外部人主要包括上市公司管理层、内部中小股东、独立董事、外部投资人、监管机构等。

4. 维持大股东控制权稳定

关于职业经理人与原始创始人股东之间的控制权冲突，从某种意义上来说，对于家族企业而言，维护大股东的利益、地位和控制权，实际是家族企业发展的首要关键，而对大股东权力的巩固和保护也间接避免了职业经理人陷入忠于企业还是忠于大股东的两难困境。在巩固大股东权力方面，建议首先应当做好合理的控制权配置。在职业经理人治理环境下，创始大股东应保留核心控制权，以形成有效的权力制衡和约束。其次，应当完善股权结构设计。我国尚未大范围允许"同股不同权"，创始大股东家族提名的董事人数随着股权的稀释而减少。因此，保护创始大股东的股权结构设计是控制权配置的基础保障。最后，董事会结构设计也是重中之重，必须确保创始大股东家族占据董事会核心席位，以实现对控制权配置的制度保障，即保证大股东的发言权得以通过董事会实现。

五、外资企业公司治理

（一）外资企业发展现状

21 世纪以来，伴随着我国经济的快速增长和技术的全面升级，中国市场吸引了大量的外资持续流入，二十多年来我国实际利用外资金额复合年平均增长率达到 7.1%。中国一直在不断提高对外开放力度，为外资进入中国创造条件，根据商务部数据，2021 年我国实际利用外商直接投资金额约为 1 735 亿美元，同比增长 20.2%。由于新冠疫情的影响以及逆全球化趋势愈演愈烈，全球资金流动趋于放缓，外资流入中国的数量和速度仍逆势高增，对于国外投资者而言，中国已经成为全球最具吸引力的市场之一。

外资进入中国市场已有四十多年，其间对中国经济发展产生了深远的影响。首先，对于发展中国家而言，外国直接投资是补充国内资本的有效途径，这也是资本跨国流动的主要作用。其次，外资企业在东道主国家经营的过程中，可以对当地企业形成技术外溢效应，提高本土企业的技术与管理水平。最后，外国直接投资可以改善东道主国家的就业情况和经济增长，在一定程度上还有利于促进当地产业结构升级。从外资进入中国的实际情况来看，确实起到了这几个方面的作用，且随着时间的推移，各自的作用力度也不断发生变化。

1. 补充投资资金

自 20 世纪 70 年代末以来，我国开始逐步引入外商直接投资，在初期外资流入起到了补充投资资金的作用，在全社会固定资产投资资金来源中，外资所占比例一度高达 11.8%。从 20 世纪 90 年代中期开始，我国资金短缺的情况逐步得到改善。

2. 技术外溢效应

发达国家的跨国企业往往掌握先进的技术，且相比国内企业，跨国企业在人才、管理和营销等方面具有一定的优势，跨国企业在对外投资过程中可以将技术转移到东道主国家。20 世纪 80 年代，我国的境外投资者主要是中国香港、澳门和台湾地区的个人投资者。从 90时代开始，大型跨国企业来华投资迅速增加，外商直接投资的技术水平有了明显的提高，跨国企业在经营过程中填补了国内相关产品、工艺和技术的空白。另外，跨国企业投资的存在增加了本国的市场竞争，国内企业为了保持原有的领先地位会进一步提升技术水平，对国内产业的技术进步产生了积极的影响。

3.改善产业结构

改革开放初期，我国允许外资流向各个产业，在此阶段，外资较多地流向轻工业和餐饮旅游等服务业，这与当时我国提高轻工业产值比例的导向一致。后来，我国进一步出台了外资相关的准入与限制政策，对外商流向的产业做了进一步引导，外资流向第二产业的比例降低，更多地流向第三产业，产业结构合理化程度不断提高。此外，外商投资高新技术企业还是推动我国高新技术发展的重要动力之一，根据商务部数据，2021年高技术产业引资占比首次超过30%。

（二）外资企业的公司治理特点

外资企业公司治理的独特性可以从股东身份特殊、文化差异较大和政治敏感性高三个方面来理解。

首先，因距离上的差异，外资股东在监督经理人时存在更多信息不对称问题。根据信息经济学，与远离生产经营的外部分散股东相比，处于生产经营第一线的内部员工（尤其是具有经营权的经理人）更加了解企业的实际生产经营状况、投资项目的好坏、创新项目的风险与前景、投入产出以及工作完成度。由于具有私人信息，包含经理人在内的企业员工作为代理人，因不拥有企业所有权，往往具有偷懒、享乐、逃避风险、获取私人收益等短视且自利的道德风险倾向（Holmstrom，1986），而这些道德风险行为实际就是股东（委托人）因处于信息劣势地位而不得不支付的信息租金。毫无疑问，这些信息租金损害了股东财富，降低了企业投资效率以及研发投入转化为有效专利的创新能力，也导致企业内部委托代理链条因各主体间的利益冲突而存在阻滞和失效的风险（Jensen and Meckling, 1976; Eisenhardt, 1989）。因此，对于外资企业而言，股东如何委派合适的经理人、如何科学设计董事会架构来监督经理人至关重要。

其次，外资企业来本土经营必然需要跨越文化差异的障碍。了解可能影响跨国经营的文化因素对于跨国公司经营者来说是至关重要的。这些文化因素可以分为三个层次，分别是国家文化、企业文化以及职业和组织文化。其中，企业文化体现为与企业经营相关的价值观、信念和准则（Terpstra and David, 1991）；维杰·萨思（Vijay Sathe）将组织文化定义为"一个团体的成员所共享的一系列（通常未明确表述的）重要的理解"。因此，跨文化企业常常面临的问题包括如何处理团队成员之间因国家、企业和组织文化差异而产生的心理隔阂，以及妥善处理可能发生的团队冲突。

最后，外资企业面临独特的监管模式并具有强烈的政治敏感性。外资企业特殊的股东身份使得外资企业无论是在面临的监管规则方面，还是在具体的经营业务方面，都对政治更加敏感。这实际增加了外资企业的经营风险，也对外资企业提出了更高的治理要求。《中华人民共和国外商投资法》出台之前，内外资企业公司治理结构分别适用《公司法》和三资企业法。在这一双轨模式下，中外合资、中外合作的有限责任公司需按照有关规定设立董事会作为权力机构，公司的其他组织机构按照公司自治原则由公司章程依法规定；中外合资、外商独资的有限责任公司和外商投资的股份有限公司的组织机构应当符合《公司法》的规定，建立健全公司的组织机构。①

2019年3月15日，第十三届全国人民代表大会第二次会议通过

---

① 详见《关于外商投资的公司审批登记管理法律适用若干问题的执行意见》。

了《中华人民共和国外商投资法》，自 2020 年 1 月 1 日起施行，《中华人民共和国中外合资经营企业法》《中华人民共和国外资企业法》《中华人民共和国中外合作经营企业法》同时废止。外商投资企业的组织形式、组织机构及其活动准则适用《公司法》《中华人民共和国合伙企业法》等法律的规定。

外资企业公司治理模式的法律要求变化如表 3-4 所示。

表 3-4　外资企业公司治理模式的法律要求变化

	《中华人民共和国中外合资经营企业法》及《中华人民共和国中外合资经营企业法实施条例》	《公司法》
权力机关	董事会是合营企业的最高权力机构，决定合营企业的一切重大问题。（《中华人民共和国中外合资经营企业法实施条例》第三十条）	股东大会是公司的权力机构。（《公司法》第三十六条）
董事会的组成人数	不得少于 3 人，董事名额的分配由合营各方参照出资比例协商确定。（《中华人民共和国中外合资经营企业法实施条例》第三十一条）	有限责任公司设立董事会，其成员为三至十三人。（《公司法》第四十四条）股东人数较少或者规模较小的有限责任公司，可以设一名执行董事，不设董事会。（《公司法》第五十条）
董事产生	由合营各方委派。（《中华人民共和国中外合资经营企业法》第六条）	非由职工代表担任的董事由股东会选举产生。（《公司法》第三十七条）
（副）董事长产生	董事长和副董事长由合营各方协商确定或由董事会选举产生。中外合营者的一方担任董事长的，由他方担任副董事长。（《中华人民共和国中外合资经营企业法》第六条）	董事会设董事长一人，可以设副董事长。董事长、副董事长的产生办法由公司章程规定。（《公司法》第四十四条）

王永（2011）指出，中外合资经营企业的董事会集企业最高权力机构、决策机构及领导监督机构三大职能于一身，中外合资经营企业的公司僵局表现为董事会僵局与股东会僵局合二为一。如果董事会陷入僵局，即使股东会存在，它也可能会受到影响并陷入僵局，导致董

- 89 -

事会和股东会陷入联合僵局的状态。

辛清泉等（2017）认为相比于民营大股东，外资大股东更可能在董事会中派驻更多的董事，其所在的公司也更可能聘请具有国际声誉的四大审计师，表明处于信息劣势的外资大股东更有激励通过参与公司治理来获取信息和执行监督。

（三）完善外资企业公司治理制度的建议

1. 放松准入，提高外资质量

对于监管层而言，应在多领域进一步放宽外资准入，改善外资流入的结构。外资股东对企业的经营治理有正面的影响，可以通过适当放宽外商投资和合格境外机构投资者（QFII）的政策限制，提高外资对我国企业尤其是上市企业的持股比例。在开放过程中，中国企业能在竞争环境中更快成长，外资企业也能获得更好的投资环境。同时，外资控股企业自身资金实力较优，债务违约风险较低，对于债权人来说，面临的信息不对称成本更低，外资控股企业可以作为优质的债务借款对象。目前我国的外资流入结构情况比较一般，来自非华人区的投资占比依然较小，对于新兴市场来说，应借鉴发达国家和成熟市场的经验，以改善外资流入结构，提高利用外资的质量。

2. 重视文化差异，完善治理结构

对于外资企业本身而言，一方面要完善治理架构，真正实现对经理人的有效监督，另一方面也要注重文化差异，实现文化协同。为了取得跨文化治理的成功，跨国企业的管理者必须懂得怎样激励处于不同文化背景并对工作怀有不同期望的各国员工。企业在外国经营时所要面对的是与母国文化完全不同的一种文化。文化冲突是外资企业来中国发展必须重视的问题。如果外资企业不能很好地与本地文化融合，企业内部不同国籍的员工因文化差异不能共事，那么这些外资企

业很可能会经营失败。因此，外资企业需要重视文化差异带来的冲突，了解影响与本地文化融合的原因，认识跨文化沟通的意义，重视跨文化交流人才的引进和培训，从而在中国市场健康良好地发展。

3. 积极吸引外资，改善治理水平

对于其他上市企业来说，可以适当引入外资股东。外资股东本身的优势明显，引入外资股东对于上市企业和外国投资者来说是双赢的：上市企业可以借鉴外资股东带来的技术和信息优势，以及经营企业和降低债务融资成本的能力；外资股东由于处于信息劣势，更有激励参与公司治理，改善公司的信息披露，减少公司与外界沟通的信息不对称成本。

六、本章总结

公司治理问题是困扰现代企业正常运行的重要问题。Rajan 和 Zingales（2003）在安然等会计丑闻爆发后提醒我们，即使在最先进的市场经济里，在改善公司治理方面依然大有可为。对于民营企业而言，无论是大股东减持套现、隧道挖掘、利益输送等问题，还是家族企业的内部纷争、控制权争夺等问题，归根结底都在于股权结构的设计。

当大股东持股比例较高、股权结构较为集中时，大股东减持套现问题就会频发，如何保护投资者利益、维持市场稳定成为公司治理关注的重点。就监管原则而言，首先，监管当局应当减少重要股东减持限制，提高股票定价效率。其次，应当引导上市公司优化股权结构、降低重要股东大比例减持动机。再次，也应当完善对忽悠式减持的限制机制设计，加大处罚力度。最后，监管需要兼顾股票市场的扭曲和系统性风险，不能以维持个股的股价稳定为出发点。

当大股东持股比例较低、股权结构分散时，因大股东与企业利益一致程度较低，此时利益输送、隧道挖掘行为又会频发，潜在的控制权之争也会给投资者带来巨大风险，如何保护中小股东利益就成为此时公司治理制度设计中值得关注的核心。一方面，我国民营上市企业股权结构设计中金字塔结构普遍存在，现金流权与控制权的分离使得最终所有者可以利用隧道挖掘损害外部分散股东的利益，导致股东之间的利益冲突。另一方面，对于新兴市场国家，金字塔结构作为内部资本市场，成为外部资本市场不健全和法律对投资者权利保护不足的替代。因此，对于金字塔结构的一个可能的正确态度是积极监管，而不是简单把金字塔结构取消。成为最终所有者隧道挖掘实现手段的关联交易、资金占用、贷款担保等无疑是监管重点。同时，各监管方不仅需要注意大股东控股可能带来的资金占用等行为，更要加强对制造业企业与下游经销商关系的监察，警惕在控股股东持股比例低的情况下可能出现的利益输送问题。

而无论大股东持股比例高低，对于民营企业尤其是家族企业而言，传承模式的设计都是家族企业意欲长久不衰不得不思考的核心制度设计。不同国家的文化背景、社会结构相异，传承过程中的交易成本自然也不同。从文化契合角度考虑，家族企业如果意欲选择家族成员作为继任者，在传承前应该加强对家族继任者的开拓精神、管理技能的培养，并逐步丰富其与政府打交道的经验，使其在继任之后继续引领企业的技术创新，增强企业的长期竞争力，实现家族企业基业长青。但是总会存在家族成员因为能力有限，不得不聘用职业经理人的情形。在未来，发展职业经理人市场是必然趋势。关于职业经理人与原始创始人股东之间的控制权冲突，从某种意义上来说，对于家族企业而言，维护大股东的利益、地位和控制权，实际是家族企业发展的首要关键，而对大股东权力的巩固和保护也间接避免了职业经理人陷入忠于企业还是忠于大股东的两难困境。而大股东控制权的稳固应当从控制权配置、股权结构设计和董事会安排三个方面着手。

外资企业因其特殊的股东身份、文化背景和政治敏感性而面临着不同的监管政策，也需设计不同的治理模式。外资股东对公司的经营治理有正面的影响，可以通过适当放宽外商投资和 QFII 的政策限制，提高外资对我国企业尤其是上市企业的持股比例。在开放过程中，中国企业能在竞争环境中更快成长，外资企业也能获得更好的投资环境。对于新兴市场来说，应借鉴发达国家和成熟市场的经验，以改善外资流入结构，提高利用外资的质量。对于外资企业本身而言，一方面要完善治理架构，真正实现对经理人的有效监督，另一方面也要注重文化差异，实现文化协同。外资企业需要重视文化差异带来的员工隔阂，甚至可能引发的冲突，认识跨文化沟通的意义，通过引进和培训跨文化交流人才积极促进企业文化、组织文化与本地文化融合，促进跨国企业在中国市场的健康良好发展。

虽然本书此处主要围绕民营企业股权结构展开对其公司治理模式和未来改进方向的讨论，但实践中，董事会结构（董事来源、选聘程序、独立董事占比、董事会规模、董事激励）、监事会设计、经理人薪酬结构、股权激励、员工持股计划、债权人治理等问题同样是需要重视并不断完善相关的公司治理安排的，同时与股权结构并非密切相关。民营企业应当结合自身的股权结构特征，一方面防范可能出现的治理问题，另一方面发挥董事会、监事会、激励机制的治理作用，使得公司治理构成完整的框架从而共同发挥作用。

第四章
商业银行公司治理

商业银行的公司治理包括日常经营活动的管理、长期发展战略的决策以及涉及的各方利益相关者间利益关系的协调等，是进行商业银行管理的系统的制度安排，也是其内部架构的具体表现形式。商业银行作为金融机构，有别于一般企业，其业务层面上的风险是相对独立且易控的，但若在公司治理环节显现风险，就有可能传染及辐射至整个银行业，带来系统性风险，系统性风险的强负外部性极有可能对金融体系中的所有行业甚至对国家的稳定发展带来难以预计的破坏性。

商业银行公司治理缺位带来的严重后果远超一般企业。如包商银行因其客户数量众多和银行属性，其被接管事件带来的影响范围极广，不仅对众多储户造成了冲击，同业银行和众多企业客户更是承受了各方面更大的风险，包商银行在被接管后宣布对已发行的65亿元"2015包行二级债"全额减记，由于二级债的购买对象主要是同业银行和众多企业，因此它们承担了此次包商银行事件的部分损失。此次事件也对银行间债券市场的运行造成了很大的冲击，同业之间发行二级债的行为是中小商业银行补充资本的常见方式，因此其他中小商业银行也被动承担了包商银行带来的信用风险。对于社会总体经济发展而言，商业银行存在的信用风险、流动性风险和操作风险引发的危机必定会威胁市场的平稳运行,处理不当便会造成深远的影响。也正是由于商业银行自身风险可能带来系统性风险这一特殊性,商业银行面临着不同于一般企业的外部监管,不论是其面临的法律制度还是业务监管制度,都将商业银行利益相关者的利益保护摆在了很高的位置。在商业银行的公司治理中,股东和其他利益相关者的关系也需要重点关注。

基于商业银行公司治理的重要性,本章将在后续的内容中介绍我国商业银行的分类,以及不同类型商业银行所面临的公司治理问题,最后提出我国商业银行的公司治理框架设计。

一、我国商业银行分类及公司治理问题

我国的商业银行主要可以分为国有四大银行、全国性股份制银行、城市商业银行和农村商业银行这四大类,四类银行分别面临着不同的公司治理问题。我国国有大行是国有控股银行,存在着所有者缺位以及实质上的管理层决策中心和内部人控制的潜在问题,但其独特的治理架构安排"汇金模式",即中央汇金公司向其持股银行派出全职非执行董事这一做法,在四大行的公司治理中发挥了重要的作用。中央汇金公司分别向工商银行、农业银行、中国银行、建设银行派出股权董事,这些股权董事全职常驻在任职银行,除此之外,中央汇金公司也向市场公开选聘董事人选,这些更具专业性的股权董事提升了股权董事相对于高级管理层的独立性。但我国国有大行也有着薪酬包这一限制,不仅高管限薪,银行内部的各部门和业务也有着总薪酬的限制,这就使得一些创新业务无法得以开展,对国有银行的总体发展造成了一定的阻碍。

对于全国性股份制银行,由于其股权情况各不相同,因而有着由

股权过度分散导致的无实际控制人困境，以及由所有者缺位导致的内部人控制等公司治理问题。而城市商业银行由于受到地方政府的干预以及本身的股权结构并不完善，容易存在因民营股东"一股独大"而导致的内部交易等问题，公司治理仍然是其发展的薄弱环节。最后，从农村商业银行的发展历史来看，它们是由股权分散的农村信用社整合而来的，其股权结构呈现出股东数量多、股权高度分散的特征，且许多农村商业银行缺乏现代公司的治理架构。

虽然我国各类商业银行从历史发展、股权特征、治理问题来看，具有不同的特点，但从现代公司治理的视角来看，总体上可分为集中股权下的商业银行公司治理和分散股权下的商业银行公司治理。

二、集中股权下的商业银行公司治理

在集中股权下，由于股权集中在大股东手中，大股东有足够的权力控制商业银行，并为自己谋取私利。当大股东的利益与其他投资者的利益不一致的时候，会产生掠夺行为，而且也会影响独立董事的独立性。独立董事是由股东大会选举产生，由于大股东的股权占比很大，因而大股东对独立董事的选举具有很大的决定权，再加上一些商业银行存在信息不对称、薪酬制度和考评体系不科学等问题，使得独立董事的独立性被削弱。

此外，当处于控制性地位的股东较少时，通常会出现所谓的监控过度问题。Burket、Gromb 和 Panunzi（1997）认为，在集中股权结构的条件下，大股东控制在事前构成对经理层剩余进行掠夺的威胁，降低了经理层的积极性和对其他专用资产的投资，从而也就降低了公司价值。

许多国家的商业银行部分或全部为国家、政府或其他公共机构所有，这既有优势，也带来了一些问题。政府控股的商业银行一般会得到政府资金的全力支持，这就为银行提供了额外的援助与支持，但这些银行有时不能及时采取必要的纠正措施，由于政府不会永远有能力在银行需要时提供足够的资金，这就有可能导致一些风险的发生。此外，这种兜底式的支持也可能导致银行管理层有动机和激励去承担过多过大的风险。对外部机制来说，当市场参与者意识到某家银行拥有政府的全力支持并且比私营部门的银行更容易获得大量的资金时，市场约束便不再那么有效。

因此，集中股权下的国有控股商业银行和民营控股商业银行面临的公司治理问题不尽相同，下面将分别讨论这两种情况。

（一）国有控股商业银行的公司治理

1. 国有股权集中产生的问题

从实际情况来看，股改之后，我国国有商业银行的股权结构依然是国有产权"一股独大"，股权结构的性质特征表现为国家控股，股权结构的数量特征表现为大股东持股比例较高。这样，除了存在原有传统意义上的委托代理问题，还可能产生国有大股东侵犯广大中小股东和债权人利益的新代理成本问题。

虽然国有大行肩负着维持整个金融市场稳定的重任，但国有股东"一股独大"在一定程度上也不利于维护中小股东的利益。此外，单一的产权结构也会使得监管机制不够有效，市场也可能因此低估风险泡沫存在的可能性。任建军（2004）也认为中国国有银行治理结构存在缺陷，代理人缺位和委托代理链条过长、激励机制偏差与监控约束机制弱化、存在内部人控制问题和内控制度不健全等问题导致政府控股商业银行存在一定的经营风险。

如同国有企业的所有者缺位，一些国有控股商业银行也存在着股东权利行使效率较低、董事长权力过大、董事会形同虚设、内部监督机制失效等潜在的公司治理问题。如果缺乏合理有效的公司治理制度安排，也会影响董事会的权利行使、监事会的监督权发挥，形成实质上的管理层决策中心和内部人控制问题。

2. 四大行的集中股权治理经验：汇金模式

我国国有四大行有着国有控股股东持股比例高且集中的特点。其中，工商银行和农业银行都是国家绝对控股，2021年国家对工商银行和农业银行的直接持股分别超过69%和82%；中国银行和建设银行则属于中央汇金公司控股，2021年中央汇金公司对两者分别持股64.02%和57.11%，均超过半数，实现了国家的控股。

但四大行公司治理效果较好，并未出现国有股东"一股独大"情况下容易造成的公司治理问题与困境，这与其独特的治理架构安排密切相关。在国际大型银行的董事会结构中，独立董事为主体，但在我国四大行中，非执行董事的占比是最大的，在这其中还有很大一部分是派出董事（也就是股权董事），这是我国银行业改革的结果。2003年12月，国务院成立了中央汇金投资有限责任公司（即中央汇金公司），代表国家向银行注资，并行使出资人权利、履行出资人义务。中央汇金公司分别向四大国有商业银行派出股权董事，并按照市场化的行权方式履行国有出资人权责。这些股权董事全职常驻在任职银行，中央汇金公司向其持股银行派出全职非执行董事的做法，开创了我国国有资本管理中特有的"汇金模式"。

汇金模式的特点在于，它尝试解决非执行董事不了解银行具体情况的问题，因此开创了非执行董事常驻企业的形式，让股权董事能够充分履行董事职责。股权董事也可以利用时间充足和政府背景的优势，进行战略研究，从而为银行的长期发展提供更深层的战略建议。

股权董事更好地处理了股东与其他利益相关者之间的关系，也较好地保持了相对于管理层的独立性。中央汇金公司派出的董事有相当大一部分是来自财政部和"一行一局一会"的前行政官员，因此，中国四大国有商业银行的股权董事大多数来自政府部门或监管机构，他们长期从事政策制定或监管工作，由其出任股权董事可以在一定程度上更好地平衡金融监管与股东利益之间的关系，也就能更好地处理股东与其他利益相关者之间的利益冲突。除了派出董事，中央汇金公司还向市场公开选聘董事人选，它有着自成体系的针对市场的董事选聘标准和流程，而通过市场化选聘的股权董事也具备较为稳定和专业的特点，股权董事的专业性也可以提升股权董事相对于高级管理层的独立性。此外，按照治理原则，股权董事的薪酬应当由银行支付，但目前是中央汇金公司在支付，这一安排也保障了股权董事独立于高级管理层。

中央汇金公司在股东股权管理方面的经验值得借鉴，运行良好的派出董事制度防止了内部人控制事件的产生；与此同时，股东较强的股权管理、董事会相对于管理层较强的独立性以及市场化的选聘流程都体现了国有大行在治理架构上的完善，也更好地发挥了公司治理的作用。

（二）民营控股商业银行的公司治理

不同于上文提及的国有控股商业银行的公司治理情况，在民营控股的商业银行中，"一股独大"所引发的不再是管理层决策中心和内部人控制问题，而是民营大股东"一股独大"的股东权力中心问题。民营控股股东持股比例高，对董事提名和任免具有相当大程度甚至绝对的话语权，从而导致董事会进而管理层都无法发挥应有的作用，公司治理机制和外部监督失效，形成了事实上的股东权力中心。

其中，最典型的案例就是包商银行被接管事件。民营控股的包商银行被接管的主要原因就是股权问题引发的经营风险。根据监管部门披露的信息，包商银行最大的股东是明天集团，持有89%的股份，大股东违法占用了大量的资金且无力偿还，造成了银行严重的风险问题。而包商银行在2018年的财报中并未披露这一问题，可见在日常的经营过程中就存在着较大的风险。

包商银行公司治理最突出的特点是"形似而神不至"。从表面上来看，包商银行有着较为完善的公司治理结构，股东大会、董事会、监事会、经营层的"三会一层"组织架构健全、职责明确。但实际上，包商银行只拥有形式上的公司治理框架，由于大股东的权力过大，包商银行的董事会及管理层等重要的公司治理机制全部失效，最终造成了大股东控制和内部人控制这两大公司治理问题的同时出现。

而且包商银行存在大股东操纵股东大会、干预银行正常经营，并通过各种方式进行利益输送的现象，体现了控股股东和其他股东、股东与其他利益相关者的冲突。在包商银行的实际运作过程中，归属于明天集团的机构股东的持股比例远远超过50%的绝对控股比例，这种"一股独大"现象导致包商银行股东大会没有发挥科学、民主决策的作用。由于股权过于集中，大股东很容易操纵股东大会，使股东大会成为大股东主导的决策机构，并进一步成为大股东干预和掏空包商银行的合法外衣。2005年以来，明天集团通过大量的不正当关联交易、资金担保及资金占用等手段进行利益输送，包商银行被逐渐掏空，造成严重的财务与经营风险，直接侵害其他股东及存款人的利益。包商银行的清产核资结果显示，在2005—2019年的15年里，"明天系"通过注册209家空壳公司，以347笔借款的方式套取信贷资金，形成的占款高达1 560亿元，且全部成了不良贷款。而外部金融监管也并未及时地发现问题，在外部监管和公司治理机制都失效的情况下，包商银行产生了严重的公司治理问题。

第四章 商业银行公司治理

上述事实说明，对银行来讲，其业务风险较高，且容易引发系统性风险，所以银行的业务需要具有较强的独立性，在公司治理架构上，大股东的行为以及银行与大股东之间的关联交易也应该受到更加严格的监督。包商银行的大股东利益输送行为，不仅给其他股东和存款人的利益带来了侵害，也通过二级债的减记给作为主要购买对象的同业银行和众多企业带来了损失。此外，该事件对银行间债券市场运行造成的重大冲击也给其他中小银行带来了信用风险，甚至给整个银行业乃至国内整体经济社会的稳定都带来了一定的冲击。

包商银行的案例告诉我们，银行的利益输送行为会比一般企业的利益输送行为带来更加严重的后果。因此，及时清除内外部的监管腐败、着力加大对中小商业银行的监管力度、用严格的内部控制和合规的外部审计制度审查银行的各项业务、增加透明度对于商业银行而言尤为重要。由于融资活动是商业银行普通的日常经营行为，贷款活动也就会涉及一般企业面临的投资回报问题，因此，商业银行最基本的吸收存款和发放贷款的经营行为其实在很大程度上综合了众多具体的公司治理事务。正是基于这个原因，对商业银行进行会计审计时，重点不能仅在于关注股东的投资回报，同时也要保障包括存款人在内的众多利益相关者的权益。从这些意义上来看，金融类企业相比于其他企业需要更加严格的内部控制和外部审计。

因此，依然需要不断探索如何建立公正透明的监管体系，使中小商业银行更好地接受监管，从而最大程度减少负外部性对各方的冲击。

除去严格的外部监管，在银行内部的治理架构上也可做出相应的规范与调整。对于大股东股权较为集中的中小银行，应积极进一步发挥董事会的作用，这就要求在董事会的构成上对代表大股东的董事进行限制，虽然在股权上允许控股股东的存在，但在董事会中应有其他股东董事参与，代表大股东的董事在董事会中的比例不应过高，要提高其他非控股股东董事在董事会中所占的比例与话语权。

同时我们也应当看到，对于具有很强的金融属性的企业来说，建立公司治理制度的成本很高，但在事实上只依靠外部监管机构并不现实。中小金融机构的发展对于社会经济有着重要的作用，处理好前述发展内部公司治理制度的难题，对中小银行的发展与治理有着重要的意义。

三、分散股权下的商业银行公司治理

（一）股份制银行的公司治理

1. 股份制银行的分散股权治理特点与问题

对于股权分散的股份制银行而言，相互制衡的股权结构和董事会安排是其主要的特点。这一方面会造成商业银行无实际控制人的困境，另一方面也容易产生内部人控制问题。

股东间的相互制约，使得没有一个股东对银行有着绝对的控制权，但这也意味着没有人为银行的长期发展负责。虽然股东间的制约关系对利益输送问题形成了约束与限制，但受多方势力的影响，公司战略并没有持续性的清晰规划，从长时间来看极易发生战略上的摇摆，从而影响商业银行的长期效益。

而且由于股权分散，股东之间易产生搭便车心理，对管理层的监督激励不足，便容易形成内部人控制问题。作为内控人的管理层倾向于注重短期利益而非长久发展，从长期来看，对银行的发展与绩效均会造成不利的影响。

2. 民生银行的分散股权治理：无实际控制人问题

中国民生银行于1996年1月12日在北京正式成立，是我国首家主要由非公有制企业入股的全国性股份制商业银行，同时又是严格按照《公司法》和《中华人民共和国商业银行法》建立的规范的股份制金融企业。从股权结构来看，民生银行股权较为分散。从理论上来看，股权分散本是公司治理的良好基础，可以避免"一股独大"现象发生，但是在民生银行的实际操作中，股权太过分散却导致了控制权之争，并对其后续的发展造成了许多隐患。

民生银行的股权结构在成立之初就极为分散，最大的股东的持股比例仅为6.54%，各股东的持股比例也大致相同，再加上复杂的人际、资本、社会关系，在初期就埋下了控制权之争的隐患。1998年，民生银行曾以清理不良资产的原因强行收回了发放给股东的贷款，也正是在此过程中，本来并非股东的东方集团收购了9.42%的股权，成为第二大股东，其他股东也纷纷收购民生银行的股权，自此民生银行内部的几大股东之间开始进行股权争夺。一直到民生银行上市之前，希望系、东方系、泛海系成为前三大股东，从股权比例上看也正式形成了这三大股东三足鼎立的态势。

民生银行上市后，这三大股东的股权比例此消彼长，成为股权争夺的主要参与者，一直到2014年安邦系进入才打破了多年的三足鼎立局势，但民生银行的控制权也并没有因此稳定下来，多年来一直经历着股东们对股权的争夺。截至2021年底，大家人寿保险股份有限公司（原安邦保险）共持有民生银行16.79%的股份，同方国信投资控股有限公司持股4.31%，新希望六和投资有限公司持股4.18%，中国泛海控股集团有限公司持股4.12%，上海健特生命科技有限公司持股3.15%，华夏人寿保险股份有限公司持股3.14%，东方集团股份有限公司持股2.92%，民生银行股权结构仍十分分散。

需要注意的是，在安邦系进入后，2017年董事会完成换届，其后，民生银行股价一直处于阴跌行情中，与2015年股价最高点相比更是跌了20%。截至2021年底，民生银行总市值为1 707.5亿元，而原本处于同一市值水平的招商银行、兴业银行股价却蒸蒸日上，招商银行总市值为12 284.6亿元，兴业银行总市值为3 955.4亿元，民生银行日益掉队。

与此同时，民生银行自身的经营状况也难言乐观。从2015年起，民生银行加权净资产收益率一直在垫底，且与招商银行的差距逐渐拉大。2021年，民生银行加权净资产收益率只有6.59%，而招商银行为16.96%。民生银行2021年年报显示，报告期内该行营业收入为1 688亿元，同比下降8.73%；归母净利润为343.81亿元，同比增长仅为4.93%。此前的2020年年报则显示，其归母净利润同比大幅下降36.25%。盈利能力差距体现在业绩上就是净利润的差距，2021年，招商银行实现归母净利润1 199.2亿元，而民生银行实现归母净利润343.8亿元，规模不到招商银行的三成。

民生银行也面临着一些现实困境，比如战略规划和战略执行问题。作为少有的民营银行，其本应充分把握银行业变革的历史机遇，运用灵活的市场化机制，探索差异化的长效经营路线，但是很明显，在过去这些年中，民生银行过于追逐短期利益。比如2012年以前强调狼性文化和规模扩张，2013年以后大搞同业和资金业务，这些手段可以明显提振短期盈利能力，但是对银行的长期发展不利，不仅可能衍生出不可控的风险，而且在短期目标的牵引下会忽略其对服务流程的优化和对客户基础的发展和维护，导致客群质量越来越差，使得传统的存贷业务举步维艰。

寻找民生银行市值、业绩、管理等接连掉队的根源，不难发现上述提到的股权结构极其分散便是一个重要的原因。由于其股东太过分散，民生银行陷入了无实际控制人的困境之中，股权结构也常年处于不稳定的状态，控制权的不稳定就导致了虽然各系都在董事会中派驻了董事，但很难形成合力推动该行发展，治理效果也并不明显。而自从原董事长董文标离职后，该行失去了能够平衡各方势力的重要角色，这一情况更趋严峻。董文标曾在接受媒体采访时表示，掌舵民生银行多年，最难的事情是处理股东关系。

分散的股权使得民生银行在实际经营中无人负责。民生银行的第一大股东大家人寿保险股份有限公司作为一家保险公司，主要目的是财务投资，较难主导民生银行的日常经营。而其他的中型股东派驻董事如中国泛海控股集团有限公司的卢志强（中国船东互保协会为一致行动人）、新希望六和投资有限公司的刘永好、上海健特生命科技有限公司的史玉柱、东方集团股份有限公司的张宏伟（华夏人寿保险股份有限公司为一致行动人）都是名气很大的民营企业家，他们也是各有所图，权力互相制衡，很难有一个股东有绝对的话语权。把这几个大股东的股权全部加起来，也仅为40%左右，集中度远远不够。但作为一家民营控股银行，必须被置于严格的金融监管之下，现任行长由工行原副行长担任，这种所谓的"民企、国管"的结构使得公司、大股东、小股东、管理层、监管的利益难以有效统一，长期来看没有人对民生银行的发展和业绩负责。

而且在股权分散的情况下，董事会对管理层的监督意愿和监督能力都较弱，一方面影响力有限，另一方面相互搭便车倾向严重，企业的决策制定也会受到影响。比如民生银行曾提出下修转股价，但被股东否决，因为在股权分散的情况下，股东更加看重的是短期利益而非长期发展，并不利于长期战略的实施，这也进一步导致民生银行在同行中的发展较弱，并没有表现出一家民营银行应有的活力。

因此，对于金融机构而言，制衡的股权结构可能并非最优选择，无实际控制人的状况反而可能会引发一系列问题。正如有研究指出的，股权制衡对于特定的金融机构，一是会给公司治理效率带来负面影响，二是会给公司绩效带来负面影响，三是会给股东及其他利益相关者带来负面影响。这三个影响在逻辑上是递进和演化的关系，即由于存在股权制衡机制，金融企业公司治理的决策效率及决策有效性受到负面影响，公司治理机制的核心作用无法正常发挥，股东无法对企业实施有效监管，有可能产生内部控制或高级管理层的无所适从，进而影响企业绩效，并导致股东和利益相关者的利益受损。

因此，在我国股份制商业银行股权结构设计的调整方向上，可以鼓励通过混改，使主要股东持有更大的股权比例，从而使其在公司治理中有激励更好地扮演积极股东的角色。在民资背景的股东作为股份制商业银行第一大股东的持股比例限制上，也许我们可以采取更加开放和包容的态度。毕竟，一些外资金融机构的持股比例上限已经允许突破50%，让来自本土的民营资本持有更高的比例既符合竞争中性的原则和惯例，又有助于从根本上化解我国中小股份制商业银行的治理危机。使主要股东持有更高比例以更好扮演积极股东角色并不意味着形成"一股独大"的股权结构，而是形成在主要股东之间权力制衡的结构。因而，对于股份制商业银行股权结构设计的一般思想是，既不能股权相对分散，甚至太分散，没有股东愿意提供监督经理人的"公共品"，让其他股东"搭便车"，也不能让股权太过集中，使商业银行所吸收的存款成为大股东的私人用款。一个合理的股权结构是鼓励主要股东持股比例增大，以增强其责任承担能力，避免"搭便车"行为，同时尽可能在少数几个势均力敌的股东之间形成股权制衡，避免在"一股独大"下形成的超级控制权和之后的掏空行为。

（二）农村商业银行的公司治理

1. 农村商业银行的分散股权特点与公司治理问题

农村商业银行的股权结构呈现股东数量多、股权分散的特征，而且民营资本持股占比较高，股东的资质、能力和专业素质不优。这些特点是受到农村商业银行发展历史的影响形成的，农村商业银行是由股权分散的农村信用社整合而来的，在股权结构方面，受到银保监会的政策影响，农村商业银行属于中小商业银行，其发起人数量应不少于 500 人，人数要求较高，但注册资本金要求低，为不低于 5 000 万元。高度分散的股权结构使得股东间形成凝聚力的动力和能力都较弱，农村商业银行的经营管理更有可能受到高级管理人员的控制。而且，由于农村商业银行多身处地方，地方政府对其有较强的控制力，甚至会委派董事长或管理层，农村商业银行也会更多地受到地方政府这一股东的影响。

在经营机制方面，相较于国有大型商业银行和全国股份制商业银行的大体量、较多的分支机构以及复杂的委托代理链条，农村商业银行大多数为县级、市级的法人，最接近地方经济，分支机构较少，所以其业务审批、经营决策所经历的层级较少。从正面来说，这能够提高农村商业银行的公司治理效率，使其在遇到问题之后，能够迅速针对问题进行识别、监测、计量、施策，在一定程度上也有利于提高风险承担能力；但从反面来说，这样简单的层级管理也会导致农村商业银行的管理制度体系滞后，从而在出现较大风险事件时无法应对。

虽然囿于历史发展，许多农村商业银行缺乏现代公司治理架构，但仍有部分农村商业银行有着较为成熟有效的公司治理方式，如江苏常熟农村商业银行（简称常熟农商银行）和张家港农村商业银行（简称张家港农商银行），为农村商业银行的公司治理提供了经验。

2. 农村商业银行的公司治理经验

常熟农商银行的治理经验主要在于引入战略投资者和提升董事会决策的独立性两方面。江苏常熟农村商业银行成立于2001年，是全国首批改制的农村商业银行之一，同时也是全国首批上市的农村商业银行之一。常熟农商银行的公司治理经验之一是引入优质的战略投资者：2007年底常熟农商银行引入交通银行作为战略投资者，交通银行认购其10%的股权并成为常熟农商银行最大股东，通过加强与交通银行的合作，常熟农商银行的公司治理水平显著提升。首先，其股权结构得到优化。常熟农商银行通过引入交通银行作为战略投资者，股权集中程度进一步提高，在一定程度上解决了内部人控制问题，减少了过去股权分散情况下"搭便车"的行为。其次，高级管理人员的素质和管理水平得到了显著提高。交通银行作为战略投资者入股之后，为了提升常熟农商银行的管理水平，先后派出总行管理人员入驻其董事会及中层管理岗位，将大型银行的先进管理理念与经验带到常熟农商银行，推动常熟农商银行的公司治理水平实现了跨越式的增长。

常熟农商银行的公司治理经验之二是提高董事会决策的独立性。常熟农商银行在某次董事会会议上强势否定了两位从省联社空降的副行长候选人，前所未有地对上级管理部门提名的候选人提出了反对意见。董事会认为，常熟农商银行刚刚成立，两位上级空降的候选人并不了解常熟本地的经济发展情势，更不了解常熟农商银行内部的发展情况与长期规划，对于银行的长期健康发展难有裨益。因此，常熟农商银行董事会出于对银行长期发展的责任，在合理的情形下否决了上级任命，非常好地发挥和履行了董事会的决策职能，对于其他农村商业银行起到了示范性作用，强调了农村商业银行董事会独立自主决策的重要性。这对股权分散的农村商业银行来说极为重要，在大股东控制权较弱的情况下，增强董事会的权力，发挥董事会的权力中心作用，对于农村商业银行的经营发展有着重要的作用。

张家港农商银行的治理经验也体现在两方面：股权结构优化和公司制度规范。张家港农商银行成立于2001年11月，是全国首批改制的农村商业银行之一，同时也是全国首批上市的农村商业银行之一。张家港农商银行的公司治理经验之一是，股权结构优化是公司治理结构优化的基础。张家港农商银行在成立之初，企业法人股东持股占比为18.18%，最大法人股东持股不超过5%，股权结构较为分散，法人股东持股较少、"散户"较多，这就导致了中小股东的"搭便车"心理，参与公司治理的主动性与积极性不高，并在一定程度上造成了内部人控制问题。为了解决上述问题，张家港农商银行通过定向增资扩股、分红送股等方式提高法人股东持股占比，使得张家港农商银行法人股东持股比例明显提高，虽然股权仍处于较为分散的状态，但这一进步不仅为防范内部人控制问题扫清了障碍，也为银行治理结构的优化提供了重要保障。

张家港农商银行的公司治理经验之二是，制度规范是公司治理结构优化的保证。张家港农商银行在上市前就加速进行制度建设，建立并完善了规章制度体系，形成了董事会对行长、总行对支行、监事会对董事和高管人员的考核制度，这些都构成了张家港农商银行公司治理制度体系的重要支撑，为张家港农商银行公司治理体系的通畅运行提供了支持。张家港农商银行也是由农村信用社改制而来的，通过建立完备的、规范的规章制度，修订完整的公司章程，其逐步转变成了现代的股份制企业治理模式，并不断探索和完善了公司治理。

四、商业银行的公司治理制度建设方向

对于商业银行而言，并不存在最佳的公司治理模式，公司治理是

一个不断优化的动态过程，但商业银行必然会追求能够保证银行平稳运行并实现企业价值可持续增长的良好的公司治理。无论是巴塞尔委员会制定的《二十国集团/经合组织公司治理原则》，还是国内各监管机构颁发的相关法律法规以及规范性文件，都给商业银行进行公司治理的完善提供了规范化的指引。基于上述不同股权结构所带来的银行公司治理问题的讨论，同时根据国内外银行公司治理的共同趋向，本书拟在本章最后总结一些关于商业银行的公司治理框架建设的对策建议。

从股权结构来看，经过前面的分析可知，有实际控制人的商业银行比无实际控制人的商业银行在公司治理上更优，公司经营也更加稳定。同时，前文对国有和非国有的实际控制人也有着不同的分析。在国有大行以及其他一些系统性重要银行中，国有控股股东持股比例高且集中，对于这类国有实际控制人，应注意优化股权管理，加强董事会相对于管理层的独立性，避免形成以董事长为核心的内部人控制问题，进而带来系统性风险。对于非国有实际控制人，应当看到，高股权集中度对于普通企业的风险在于减持，但对于银行而言，就可能涉及关联交易，给银行的基础性贷款业务带来极大的风险隐患。所以，在实际控制人为非国有属性的商业银行中，一方面应鼓励大股东发挥应有的作用，但另一方面也要通过相互独立的董事会、管理层对其形成应有的平衡与制约，着力发挥董事会的作用，提升董事会的独立性和话语权。提升董事会的独立性可以避免大股东对银行各项事务的专断独裁，也可以对银行各项重大事务进行审慎的判断，从而避免与银行大股东的关联交易等利益输送行为，保护其他利益相关者的权益并利于银行的长期稳定发展。

同时，不论是国有还是非国有的实际控制人，高股权集中度的商业银行均可以引入战略投资者，战略投资者的引入可以在一定程度上对高度集中的股权形成制衡，从而起到约束大股东的作用，避免产生"一股独大"引发的关联交易或国有大股东的缺位现象。

而中小银行由于规模、发展历史等难以形成集中的股权，在股权分散的情况下，也可以通过新设合并、引入战略投资者、增强董事会独立性等方式加强公司治理。中小银行通过新设合并方式成立的四川银行便是一个重要的成功案例。四川银行是以攀枝花市商业银行和凉山州商业银行为基础，引入28家投资者，采取新设合并方式设立的四川省首家省级法人城市商业银行，其正式成立于2020年，注册资本金为300亿元，位居全国城市商业银行之首。合并后形成的四川银行资产规模较大，可以有更多的资金和实力组建强有力的管理团队，提高公司的治理能力与治理水平。四川银行在成立后便努力健全公司治理机制，坚持党的建设与公司治理、业务拓展、基层建设深度融合，建立了由党委会、股东会、董事会、监事会和高级管理层组成的"一委三会一层"公司治理架构体系；而且积极加强人才队伍的保障，在省管金融企业中率先实行经营班子整体市场化管理，在中层干部选人用人过程中打破论资排辈的积弊。由此可见，中小规模的城市商业银行通过合并，可以扩大银行的规模，通过发挥更大规模的银行资本、机制等优势，搭建金融风险化解平台，培养高水平管理团队，提高公司治理能力与经营绩效。

在股权分散的银行中引入战略投资者也可以在一定程度上缓解内部人控制问题，并减少股权分散情况下的"搭便车"行为。战略投资者也可以在完善公司内部治理和管理能力方面共享经验，助推商业银行的发展。

对于股权分散的银行，董事会的自主决策能力尤为重要。在没有实际控制人的情况下，增强董事会的独立性和话语权，发挥董事会的权力中心作用，更有利于银行做出正确的决策，对于商业银行的经营发展有着重要的作用。为了有效提升董事会的履职成效，商业银行一是要提高董事会会议的规范程度，严格按照相关要求召开会议。二是要用更加科学和细致的规范来进行董事的业绩考评，深入了解董事的日常工作情况，特别是关注其提出议案情况和问题决策情况，并确保董事了解国家相关政策和自己应当履行的职责，切实提高董事的履职意识。三是可以在一定程度上增加董事履职的时间要求，以确保董事可以深入了解银行的日常经营情况和实际问题，进一步增加各项银行决策的科学性和合理性。

不论股权结构如何，商业银行内部的各部门间都应有足够的独立性，并完善各项激励约束机制，提高决策效率与质量。同时，应当选聘更加专业的管理层，提高管理层决策与银行实际情况的适配度，也减少管理层与董事会的权力交叉。首先，要在提高监事会权威性的基础上发挥监事会的监督职能；其次，要调动监事监督的积极性。

在激励约束机制层面，商业银行应综合考量短、中、长期利益，逐步建立完善各项激励约束机制。首先应逐步完善薪酬激励机制，结合实际情况制定薪酬的组合制度，不断扩大长期薪酬的比例，激发治理主体致力于银行健康持续发展的内生动力。其次应逐步建立完善股权激励制度，我国商业银行可借鉴德国德意志银行等的经验，在确保职工持股占比符合法律法规的基础上，有效发挥股权对内部管理者的激励作用，使管理人员的个人目标能够与银行的发展、经营目标联系在一起。最后是应加强队伍建设，注重复合型人才培养，不断优化人才激励机制，提高人才队伍的素质和动力，为公司治理持续良好运转提供人才保证。

第五章
证券公司的公司治理

证券公司的发展离不开人力资本，因此证券公司的公司治理核心在于设置有效的人才激励机制，来充分提高经理层和普通员工的积极性，推动证券公司持续稳定发展，防止经理层的短期机会主义和人才流失。

一、证券公司的发展历程与现状

我国经济体制改革推动企业融资方式转变，从而产生对资本市场和证券公司的需求。随着我国资本市场的迅速发展和市场管制的不断放松，证券公司在改革中逐渐成长和壮大，内外部治理机制逐步改善，推动证券行业高质量发展。

（一）国有券商诞生阶段（1978—1992年）

我国证券公司是改革开放和证券市场发展的必然产物。1980年后，全国各地试点和推广企业股份制改造，相应地要求有为这些企业和投资者提供服务和活动的场所以及中介机构，专业证券经营机构应运而生，成为一个新兴的金融行业。1986年，沈阳信托投资公司和工商银行上海分行信托投资公司静安证券业务部最先成立办理股票的柜台交易。1987年，由深圳市12家金融机构联合发起成立的深圳经济特区证券公司正式成立，这是我国第一家证券公司。1988年，中国人民银行在国内大中城市牵头组建和批设了30多家主要以省份或城市命名的证券公司，包括山西证券、广州证券和海通证券等，同时批准部门信托投资公司、综合性银行设立证券交易柜台，初步形成了证券专营和兼营机构共存的证券经营机构格局。

在这种背景下萌芽发展起来的证券公司带有很浓郁的国有企业色彩，产权不明晰，权责不分明，市场化程度很低，其设立、重组或退出均由政府相关部门来决定。在证券市场逐渐成为国企改革主战场之时，担负着国企产权制度重建重任的证券公司自身却尚未建立完善的现代企业制度，依然保留着原有计划经济的管理模式。

（二）重发展、轻治理阶段（1993—2003年）

在这一阶段，证券行业通过兼并收购重整行业格局。1993年12月，国务院发布《关于金融体制改革的决定》，从法规上要求银行、证券分业经营，从而出现证券业的第一次大规模重组。1993—1996年我国陆续批准成立一批证券有限公司，将原有银行所属的证券业务部并入新成立的证券公司，包括中信证券、光大证券和平安证券等。此外，中国证券市场的高速发展给证券业带来了前所未有的发展契机，然而与此相配套的市场体制、监管体制尚不成熟，这就导致了证券公司违规违法行为层出不穷。在政府的安排主导下，通过兼并重组和整合有风险的券商，证券公司的数量、资产规模和市场占有率都大大提高，对行业的格局也产生了影响。

证券公司增资扩股，股权趋于多元化。自1999年开始，券商掀起增资扩股浪潮，平均股本规模从1998年的不足3亿元，增加到了

2002年的近9亿元。一方面,从法律要求来看,1999年7月1日开始实施的《证券法》将我国证券公司划分为综合类证券公司和经纪类证券公司,其中综合类证券公司要求注册资本最低限额为5亿元,净资本不少于2亿元。资本金普遍较少的证券公司急需增资扩股以获得综合类的牌照。另一方面,从行业发展来看,从1999年"519"行情井喷开始到2001年6月14日,证券市场经历了长达2年的牛市。牛市行情造成了证券业利润丰厚,大量实业资本希望进入证券业,随时分得利润。因此,无论是法律要求还是行业发展都促使了此次增资扩股浪潮。

在这一阶段,随着券商资本金的积累和扩大,证券业的整体资本实力得到一次飞跃式的发展。此外,随着管制的放松及市场的开放,这一阶段民营资本和外国资本也积极参与证券公司增资扩股和重组,股权趋于多元化。然而证券公司所处的制度环境、其自身的治理机制、内部控制、风险管理等并未有根本性的变化,违规违纪的现象没有杜绝,风险仍在不断积聚。

(三)建立完善现代企业制度阶段(2004—2017年)

券商重视发展、轻视治理,违规经营现象十分普遍,且缺乏相应的风险防范机制,由此暴露出一系列问题。从内部环境来看,2003—2004年,南方证券、闽发证券、"德隆系"证券陆续被曝出严重的违规问题,包括挪用经纪客户债券、违规进行资产管理、流动性严重不足等,出现了大规模的行业性危机。从外部环境来看,我国加入WTO后,国内券商的业务水平与国外券商有较大差距。无论是从内部环境还是外部环境来看,券商必须做大做强、建立现代公司治理体系以应对冲击。2004年1月31日,国务院发布《关于推进资本市场改革开放和稳定发展的若干意见》,证券行业进入为期三年的综合治理并实施分类监管的阶段，31 家高风险证券公司（如南方证券、汉唐证券和华夏证券等）被处罚。证券公司综合治理主要分为三个阶段：化解历史遗留问题、建设证券公司配套制度和监管环境、建设证券公司业务创新和上市融资机制。经过三年综合治理，券商合规经营能力和风险管理能力明显增强，内部控制制度和现代金融企业制度逐步完善。

我国陆续出台多部法律法规，规范证券公司内部控制建设。1999 年 7 月《证券法》开始实施，奠定了中国证券市场的基本法律框架。2001 年证监会颁布了《证券公司管理办法》和《证券公司内部控制指引》，对证券公司及其分支机构的设立、从业人员的管理、内部控制与风险管理等做出了总体原则性的要求。2005 年 10 月第十届全国人民代表大会常务委员会第十八次会议修订了《证券法》，2006 年证监会颁布了《证券公司风险控制指标管理办法》，2008 年 4 月国务院颁布了《证券公司监督管理办法》。这些法律法规的出台对我国证券公司内部控制制度的完善发挥了极其重要的作用。

国家在这一早期探索过程中发现证券公司存在一系列问题。我国证券公司多为国有机构，公司治理结构具有经济转轨期的特征，比如：股东大会流于形式；董事会治理机制虚置；外部治理机制缺位；缺乏有效的激励机制，尤其缺乏长期激励机制；信息披露制度不完善。同时，证券公司业务种类单一、结构雷同，基本没有形成自身的经营特色，导致各证券公司之间的业务竞争异常激烈，并停留在无序、较低层次的竞争阶段。

针对上述问题，在混合所有制改革背景下，证券公司进一步完善现代企业制度。2015 年国务院印发《关于国有企业发展混合所有制经济的意见》，要求通过深化国有企业混合所有制改革，推动完善现代企业制度，健全企业法人治理结构，主动适应和引领经济发展新常态。证券行业是此轮国企改革的重头戏。各大国有券商纷纷积极响应，推动国有企业混合所有制改革试点，引进战略投资者，打破唯国有股东适从的历史局面；引入代表民营资本的董事会成员，实现权力制衡；采取改制上市等举措，以市场化的管理方式公开选聘具有较强个人素质与独到视角的高层管理团队，并结合股权激励，激发员工热情。这些改革举措取得了具有突破性的成功。

（四）深化资本市场改革阶段（2018年至今）

2018年以来，证券公司频现违规事件，市场呼吁对证券行业引入更为合理的外部监管机制。2018年以来频频出现的证券公司违规质押，以及激起轩然大波的"萝卜章""乌龙指"事件，对证券资本市场、证券公司本身产生了不同程度的负面影响。证券公司健康平稳经营是资本市场进一步健康发展的前提，因此市场需要证券公司拥有更为有效的内部治理机制，同时也需要更为合理的外部监管机制。新一轮资本市场改革亦再次被提升到国家战略的高度。

一是新修订的法律提供了新的治理机制。一方面，证监会2018年出台了新修订的《上市公司治理准则》。该准则较之前有了较大的改变，尤其是在董事会内部机构的完善方面存在不少亮点。主要体现如下：充分发挥中小投资者保护机构的维权作用，尤其是在维护少数股东利益方面的作用；强化审计委员会的作用和职责，使其成为必须设立的内部机构；强化独立董事的职权；完善上市公司评价与激励制度。另一方面，为推动证券公司完善公司治理，促进证券公司规范运作，保护证券公司股东、客户及其他利益相关者的合法权益，新《证券法》正式实施。新《证券法》对券商的再融资政策约束显著放松、全面确立退市制度、在科创板和创业板试点注册制，并在强化上市公司治理、压实券商和保代责任、强化信息披露和做好投资者保护等各方面加大力度。

二是国企改革明确外部董事的重要作用。《国务院办公厅关于进一步完善国有企业法人治理结构的指导意见》指出，国有全资公司需要在2020年完成外部董事占多数的董事会建设目标，国有资本占控股地位的控股公司也需要实施外部董事、外部监事的派出制度。对此，考虑到国有独资、全资公司的股东单一化、行政化的特性，外部董事能够最大限度保持其独立性，并降低"内部人控制失控"的问题。中共中央、国务院提出的实施外部董事制度对于股份有限公司治理结构改革具有引领意义，也为我国股份有限公司推行董事会中心主义提供了顶层设计。

在证券公司再融资方式方面，这一阶段证券业由于股权相对分散，更偏好配股融资。随着我国金融业开放力度的扩大，证券业参与国际化竞争的压力逐步增大。2019年11月，证监会发布围绕充实证券公司资本金等六大举措培育航母级头部券商的提案。2022年1月，中国证券业市值龙头中信证券正式启动其A股和H股两市合计募资不超过280亿元的配股融资计划，引发了市场的广泛关注。与之一同走进公众视线的是，在2012—2021年10年间的97次配股再融资事件中，有15次是由证券行业上市公司实施的，其配股规模在此期间的占比为40.06%。无论是配股频次还是配股规模，证券业在过去10年间都是金融业全行业第一，且与排名第二的银行业拉开了较大差距。从控制权理论出发，当大股东的持股比例较低或者股权分散度较大时，其对股权稀释的顾虑会更大，在选择再融资方案时也会更倾向于维系其控股、大股东地位的方式。而配股途径可以让大股东们在承担较小资金压力的同时维系、巩固其控股地位，进而保护控制权益。反之，如果大股东的持股比例已经较高，其对股权稀释的容忍度也会更高，对引入战略投资者、吸纳外部股权融资的顾虑也会更小，继而更愿意考虑定向增发、可转换债券等融资方式。

（五）证券公司经营现状

经过30多年的发展，我国证券公司在资本实力、业务范围和风控水平等方面均取得显著成效，已成为我国资本市场的主要建设者和参与者。据中国证券业协会统计，2007—2021年，我国证券公司从106家增长至140家，证券从业人数从5.74万人增长至34.5万人（见图5-1），增长了五倍，行业持续扩容。从资产规模来看，证券行业的总资产从2007年的1.73万亿元增长至2021年的10.59万亿元（见图5-2），年复合增长率为13.82%。尤其近四年受资管新规、注册制改革和新《证券法》实施的影响，券商纷纷加大融资力度支持重资产业务发展。

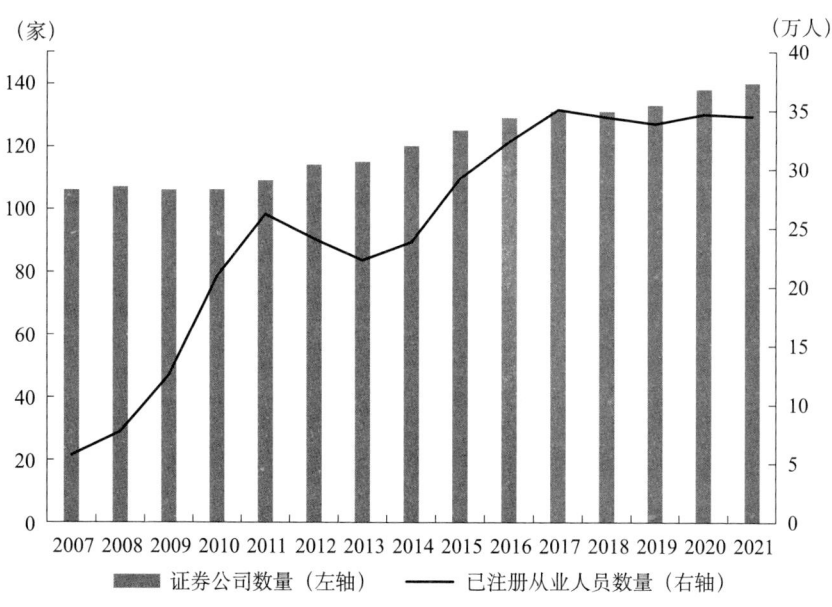

图5-1　证券公司数量和从业人员数量

资料来源：中国证券业协会。

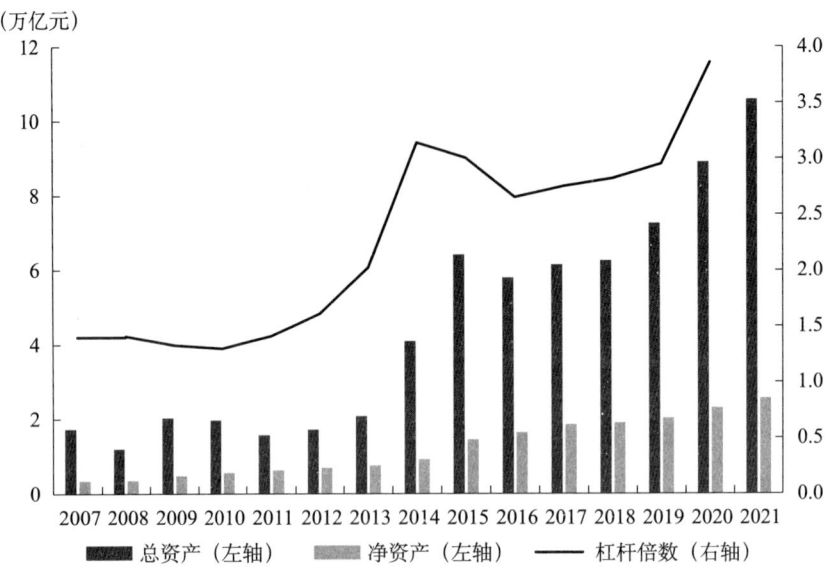

图 5-2　证券行业总资产、净资产及杠杆倍数

资料来源：中国证券业协会。

与此同时，证券公司业务形态逐渐丰富，有效满足了市场参与者的直接投融资需求和交易需求。此外，近几年券商杠杆倍数持续攀升，2020年逼近4倍，不过仍低于监管要求的6倍杠杆，更是远低于美国投行的10倍杠杆，行业整体风控水平稳定向好。从经营业绩来看，证券行业具有较强的周期性，行业的营业收入波动性强。正如"三年不开张，开张吃三年"所言，证券行业的年度净利润增长率在-50%和150%之间波动（见图5-3）。这导致证券行业的从业人员具有较高的道德风险，也在一定程度上解释了券商频繁领罚单的现象。

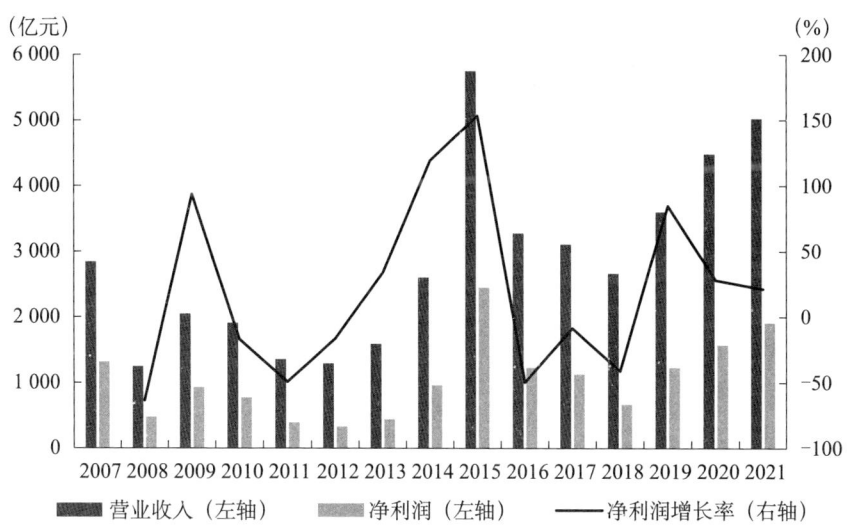

图 5-3 证券行业营业收入、净利润及净利润增长率

资料来源：中国证券业协会。

二、证券公司的内部治理问题

经过 30 多年的发展历程，证券公司的整体状况已经发生了巨大变化，取得了很大发展。但是我国证券行业仍然存在一些问题，如无实际控制人、激励员工导致效率和风控两难、券商内部利益冲突等。这些问题都已成为当前制约中国证券公司向具有国际竞争力的证券公司发展的瓶颈，也在很大程度上影响了中国证券公司效率的发挥。

（一）从监管处罚角度看无实际控制人问题

我国证券公司应有稳定的核心股东，以提高券商内部治理效率。一方面，我国的资本市场尚不成熟，外部治理机制发挥的作用有限；另一方面，过于分散的股权结构本身就存在特别严重的股东"搭便车"问题。

市场上已经有关于证券公司的股权结构对惩罚力度的影响的猜测和讨论，比如：股权集中的券商是否比股权分散的券商受到的惩罚力度更小？国有券商是否比民营券商受到的惩罚力度更小？大券商是否比小券商受到的惩罚力度更小？由于其中的运作机理难以勾勒，学术界在这方面的研究甚少。下面我们将对广发证券"踩雷"康美药业遭重罚事件和中泰证券多次违规却处罚较小事件进行对比分析，试图揭开"实际控制人与处罚"关系的一角。

因保荐的康美药业存在财务造假问题，2020年广发证券收到执行上限的处罚。2001年广发证券保荐康美药业上市，在此后的2006—2019年内，广发证券通过定向增发、公司债和可转债等方式为康美药业融资252.55亿元。2018年底，康美药业因涉嫌信息披露违法违规被证监会立案调查并被认定存在虚增巨额营业收入和固定资产等重大问题。2020年5月，康美药业被证监会实施行政处罚60万元，6位负责人被宣布10年至终身证券市场禁入。作为其保荐机构的广发证券于同年7月收到证监会的罚单。

广发证券收到的罚单落地时间慢、惩罚力度大使其与证监会开出的其他罚单格外不同。其一，证监会对广发证券采取暂停保荐机构资格6个月、暂不受理债券承销业务有关文件12个月的监管措施，而相关处罚的原始表达为"暂停保荐机构资格3到6个月"和"暂停债券承销业务的时间是3到12个月"，对广发证券来说均为顶格处罚。其二，对14名直接责任人及负有管理责任的人员分别采取认定为不适当人选10年至20年的监管措施，这在证监会发出的罚单中非常少见。其三，距离康美药业被调查1年半，证监会才正式给广发证券发罚单，时间跨度较大。广发证券的业绩和声誉遭受重创，核心竞争力大打折扣。

中泰证券自2016年提交招股说明书以来，其间因多次卷入违规事件，IPO 进度缓慢，但均没有受到较严重惩罚并于 2020 年成功上市。2016 年，中泰证券作为新三板公司联科股份的主办券商，对其违规事实未能审慎恰当地发表意见，被股转系统出具警示函；2017 年，中泰证券与易所试存在拉抬易所试股价的情况，被证监会处以 100 万元罚款；甚至在 2019 年 12 月中泰证券 IPO 申请获批时，投资者发现其招股说明书没有按照规定充分披露中泰证券近年的违规情况。可见自 2016 年以来中泰证券多次发生不合规的行为，长期存在风控问题，但是中泰证券一直没有收到巨额罚单，也没有被暂停相关业务，公司持续经营。有一个细节值得关注，2016 年 9 月 1 日中泰证券收到中国证监会立案调查的通知，9 月 8 日中泰证券便回应在与证监会沟通核实后其各项业务均正常进行、自身的 IPO 和再融资也在正常审核状态。中泰证券从立案调查到收到证监会确认仅耗时一周，这在证监会同期立案调查的项目中并不多见。

同样是违规，为何被惩罚的力度天差地别？剖析广发证券和中泰证券的股权结构或许能给我们一些启发。我们从广发证券的年报以及中泰证券的招股说明书中获取它们在曝出违规事件时的股权结构，如表 5-1 所示。显然，广发证券和中泰证券代表我国券商两类截然不同的股权结构：广发证券第一大股东为境外法人且仅持有 22.31% 的股份，股权分散、无实际控制人且为民营券商；中泰证券的前六大股东均为国有法人且第一大股东持股比例为 45.91%，股权集中且国有控股特征明显。而且广发证券的第一大股东香港中央结算（代理人）有限公司只是一个代持机构，实际上香港中央结算（代理人）有限公司所持有的股份为其代理的在香港中央结算（代理人）有限公司交易平台上交易的 H 股股东账户的股份总和，这些股份的权益仍旧归属于投资者本身。基于两者被卷入违规事件时的股权结构，我们可以得出以下几点：其一，据媒体报道，中泰证券每次违约后总会积极寻求与监管部门沟通协调，而最终也往往以最快的时间（甚至较低的成本）化解了困境。究其原因，暂且抛开其控股股东国有身份不谈，控股股东作为公司持股比例最高的股东，在公司面临困境时，不管从切身利益角度还是从公司决策影响力角度，控股股东始终是公司最强的后盾和最坚定的支持者，主动化解公司困境责无旁贷。在这种情况下，期待"制约作用"的制衡股东或者容易"搭便车"的小股东们主动出面帮忙解决公司问题是不现实的。由此可见，中泰证券在面临违规处罚风险时，正是控股股东的主动作为和积极支持，公司才能得以与监管部门高效协调沟通，争取快速解决问题，尽快恢复了公司正常经营。

其二，自2018年12月康美药业被证监会立案调查到2020年7月广发证券正式收到罚单期间，鲜有媒体报道广发证券与证监会沟通的相关信息，与中泰证券形成了明显的反差。广发证券的第一大股东香港中央结算公司为多名投资者的代持机构，其余前三大股东持股比例不够高而且形成了股权制衡格局，诚然这种股权结构能够较好地抑制大股东侵犯小股东利益行为，但在公司出现困境时，这些制衡股东们既无激励主动承担责任化解困境，也无能力影响公司决策，因此难以促成与监管部门的积极沟通、高效解决公司问题。广发证券的第三四大股东均为国有法人，持股比例并不低，分别为16.43%和9.01%，但在公司面临监管处罚风险时其作为乏善可陈，最终广发证券不得不承受长期不良影响和巨额罚单，正好印证了上述分析。

对比广发证券和中泰证券被处罚事件，我们发现，在一定程度上有实际控制人的国有券商比没有实际控制人的民营券商从立案到确认处罚耗时更短，以及更有可能收到小罚单。这说明实际控制人对券商的公司治理发挥着重要作用，券商股权不宜过度分散。

表5-1　广发证券和中泰证券的股权结构

序号	2019年广发证券前十大股东持股情况			2016—2018年中泰证券前十大股东持股情况		
	股东名称	股东性质	持股比例（%）	股东名称	股东性质	持股比例（%）
1	香港中央结算（代理人）有限公司	境外法人	22.31	莱芜钢铁集团有限公司	国有法人	45.913 1
2	吉林敖东药业集团股份有限公司	境内一般法人	16.43	兖矿集团有限公司	国有法人	7.304
3	辽宁成大股份有限公司	国有法人	16.40	济钢集团有限公司	国有法人	5.608 1
4	中山公用事业集团股份有限公司	国有法人	9.01	山东省鲁信投资控股集团有限公司	国有法人	4.425 7
5	中国证券金融股份有限公司	境内一般法人	2.99	新汶矿业集团有限责任公司	国有法人	3.854 4
6	华夏人寿保险股份有限公司－万能保险产品	基金、理财产品等	2.83	济南西城投资发展有限公司	国有法人	3.854 4
7	普宁市信宏实业投资有限公司	境内一般法人	1.91	山东永通实业有限公司	境内非国有法人	3.242 6
8	中央汇金资产管理有限责任公司	国有法人	1.29	上海禹佐投资管理中心（有限合伙）	其他	2.924 5
9	香港中央结算有限公司	境外法人	0.78	杭州美顺投资管理中心（有限合伙）	境内非国有法人	2.431 9
10	九泰基金－浦发银行－九泰基金－恒胜新动力分级1号资产管理计划	基金、理财产品等	0.62	上海弘康实业投资有限公司	境内非国有法人	1.945 6

（二）从跟投制度看券商内部利益冲突问题

为了解决IPO过程中保荐机构只"荐"不"保"的问题，科创板创新性地引入了保荐券商跟投的新制度。根据《上海证券交易所科创板股票发行与承销实施办法》，发行人的保荐机构依法设立的相关子公司或者实际控制该保荐机构的证券公司依法设立的其他相关子公司，参与发行战略配售，并对获配股份设定限售期。《上海证券交易所科创板股票发行与承销业务指引》规定，保荐机构的另类投资子公司对发行人的跟投比例为2%~5%，跟投比例根据企业的发行规模分四档进行确认，跟投金额从不超过4000万元至10亿元不等。对于首批25家科创板公司，14家保荐券商的另类投资子公司累计投入13.74亿元。券商跟投在直接获得大量新股的同时也面临较大风险。作为战略投资者，券商跟投所获股份具有24个月的锁定期，两年后股价具有较大的不确定性。这将倒逼券商谨慎定价、审慎保荐，不断提高自身的资金实力、研究能力、合规风控能力。也就是说，跟投制度通过将投资者利益与保荐机构捆绑，防止短期套利冲动，促进市场稳定。在制度落实中，跟投制度给券商带来了下列影响。

第一，科创板初期存在政策红利，跟投制度没有给券商带来风险约束。以目前的市场表现来看，科创板跟投对于保荐券商来说是稳赚不赔的业务。科创板开板初期，投资者对市场普遍看好，大部分上市公司的估值只涨不跌，券商跟投风险小、收益大，成了保荐机构新的利润增长点，并未给其带来太大的风险约束。其他投资者想要参与"打新"需要比拼运气，必须参与摇号并中签才能以发行价买到新股，券商却能够轻易获得大笔的投资份额，引起了侵占普通投资者利益的争议。

第二，跟投制度对券商资本金提出了一定要求，拟申报企业在选择保荐券商时需要着重考虑券商的资本实力。头部券商因规模较大、资金较为充裕，在承揽的竞争中往往会占据优势地位，得到更多的IPO项目；而中小券商面临较大的资金压力，有时甚至可能因跟投资金不足而放弃一些项目。随着这一制度的推行，大券商越做越强，形成强者更强的马太效应。

第三，跟投制度下券商的投行部门与另类投资子公司存在利益冲突。对于承销券商来说，负责进行承销保荐业务的是投行部门，而负责进行跟投业务的是另类投资子公司,二者分工不同,绩效考核、业绩目标也不同,对于IPO的发行定价会有不同的利益诉求。投行部门出于自身承销保荐收入和声誉考虑,倾向于更高的发行价;而投资子公司基于自身获得更大资本利得的需求,倾向于更低的发行价。由于这种承销商内部利益冲突的存在,承销商对IPO定价的影响应该是一种内部博弈的结果,投行部门和另类投资子公司形成的合力最终决定承销商对定价的影响程度和方向。在投行部门话语权一致的情况下,另类投资子公司的实力相对越强,其影响发行定价的能力就越强,最终发行价格就越低。在投资子公司话语权一致的情况下,投行部门的实力相对越强,发行定价受投资子公司的影响就越小,最终发行价就越高。投行部门可能是通过宣传新股投资价格研究报告、驱动关系机构按投行的估值认购新股的方式影响发行定价的。而投资子公司主要通过出具投资建议、游说券商管理层的方式对投行部门的行为产生影响,从而间接影响发行定价。

未来,建议有关部门让跟投比例在合理区间内浮动,而非定死跟投比例。这样可以给予券商子公司一定的自主选择权,促进其发挥投研、定价的能力,从而可以多跟投自己看好的项目,少跟投自己不看好的项目,对于缓解利益冲突有一定的帮助。证券公司需要在制度设计上加强投行部门或者另类投资子公司的话语权,或者对IPO定价的利益影响进行重新分配,以缓和券商内部的利益冲突。

三、证券公司的内外部治理变革

(一)注册制改革提高券商声誉的价值

2018年以来,我国先后在科创板、创业板和北交所施行注册制,目前正在全面推行注册制。注册制与此前的核准制的主要区别在于精简优化了证券发行的条件、审核重点由之前的事先审批转向事中事后监管以及取消发行审核委员会制度。2019年12月28日，新《证券法》出台，其完善了证券市场基础制度，体现了市场化、法治化、国际化方向。

注册制和新《证券法》从信息披露、新股定价和中介责任方面对投行提出更高要求。第一，强化投行的信息披露"把关人"职能。充分的信息披露是实行注册制的核心因素。信息披露质量的高低直接关系到投资者的切身利益，信息的不对称性将削弱市场的有效性。在注册制试点下，发行人应当保证信息披露的真实性、准确性和完整性，保荐人、证券服务机构对发行人的信息披露承担把关责任。当然，由于信息更加透明，投行的责任和核查的工作量将相应加大。第二，提高投行的核心定价能力。券商作为发行人和投资者之间的桥梁，在不同上市制度下的功能角色也有所不同。在核准制下，投行的IPO工作主要以向监管部门进行说明和展示为主，缺乏基于产业链的系统性研究。在注册制下，研究估值能力是IPO定价的核心能力，投行需要不断提高其获取客户资源能力、研究能力、风险管理能力。第三，强化投行的中介责任。监管从保护投资者、确保市场公平交易、促进符合商业道德的交易这一目的出发制定健全法律，核心围绕中介机构的尽职调查义务，要求中介机构承担高责任风险和付出巨大努力。

随着注册制的推进和新《证券法》的实施，头部券商在获取客户资源能力、研究能力、风险管理能力方面均有优势，资源和人才将向头部券商聚集。首先，从保荐代表人的流动行为来看，在注册制试点改革落地之前（即2010—2018年），9年间保荐代表人共产生了3 759条流动行为记录，9年间的平均流动率为8.341%（见表5-2）。而2019—2021年间，在注册制试点改革落地的三年间，保荐代表人流动数据激增至 2 163 条，流动率升至 9.613%，较注册制试点改革落地前，流动行为出现显著的增加。其次，从保荐代表人的跨梯度流动行为来看，数据显示以注册制试点改革落地为界，保荐代表人的流动趋势从原来的正向流动与负向流动交替且大致持平转化为改革落地后以正向流动占优，且正向流动与负向流动的选择差距显著扩大（见图5-4）。2010—2018 年间，发生流动的保荐代表人中有相当大比重会选择从大券商流向小券商，9 年间负向流动占总流动行为的 42.314%，正向流动仅占总流动行为的 39.422%，反映了保荐代表人从大券商"跳槽"到小券商的逆向流动趋势。而数据在 2018 年之后发生了显著的逆转，在发生流动的人员中，2019—2021 年间平均只有 22.477% 的人选择负向流动，有 58.687% 的人选择正向流动，正向流动趋势明显。

表5-2 2010—2021年保荐代表人的流动情况统计

年度	发生流动行为的人员条目	当年登记人员总数	流动率
2010	191	2 711	7.045%
2011	316	3 377	9.357%
2012	358	3 942	9.082%
2013	220	4 088	5.382%
2014	323	4 511	7.160%
2015	592	5 640	10.496%
2016	471	6 517	7.227%
2017	744	7 034	10.577%
2018	544	7 245	7.509%
2010—2018	3 759	45 065	8.341%
2019	460	7 223	6.369%
2020	942	7 733	12.182%
2021	761	7 544	10.087%
2019—2021	2 163	22 500	9.613%
总体	5 922	67 565	8.765%

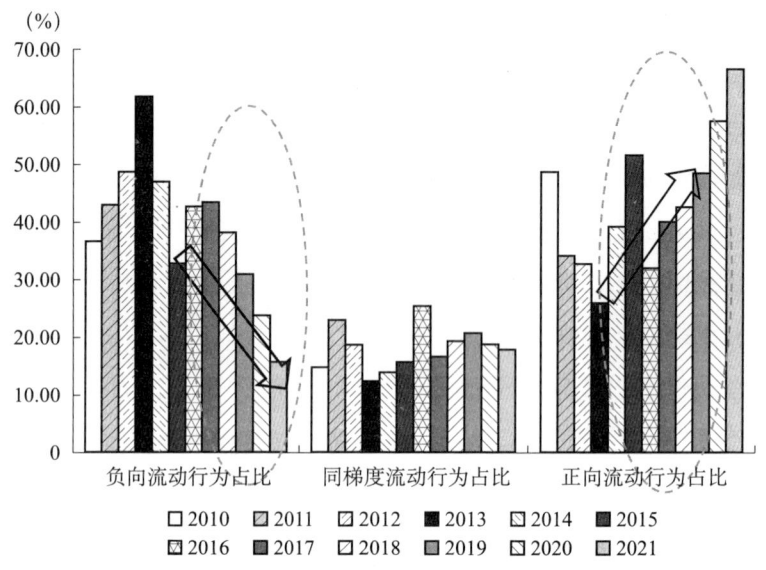

图 5-4　2010—2021 年保荐代表人跨梯度流动特征图

注册制和新《证券法》对证券公司提出了更高的要求，促使发行人在 IPO 时更看重券商的声誉。注册制改革在压实中介机构责任、明确追责机制和保护投资者权益等多方面都做出了较为详尽的规定；相应地，投行的定价能力、销售能力、承揽能力和风控能力在新机制下会发挥更大作用。发行人在 IPO 时会选择声誉更高的券商，从而导致投行业务向头部聚集。保荐代表人为了获取更多的业务自然会从尾部和中部券商向头部券商流动。

在注册制改革背景下，监管部门、证券公司和保荐代表人要各自发挥作用。其一，为了使保荐人更好地发挥作用，保荐制度需要进一步完善。监管部门可以联合行业自律协会，构建更完善的声誉约束机制，实现投资银行业务信息的透明化，从而实现行业内部的声誉约束，有利于市场各个参与方对保荐人和保荐机构的外部监管功能的发挥。其二，在注册制改革背景下，券商机构应积极调整发展战略，迎接全面注册制改革带来的机遇与挑战。在注册制下，由于大券商平台在人员、项目储备、内控制度等各方面积蓄的优质资源和相对优势，其能够获得大客户及优质客户的青睐。在这种行业集中度不断提高的阶段，中小型券商若想建立自己的行业优势，需要将业务做精做专，可以利用地域优势专攻该地区的项目或培养其在某行业的优势。其三，在注册制改革背景下，保荐代表人应该充分履行其作为市场"第一看门人"的责任和义务，为自身积累良好的声誉。此外，要鼓励形成充分竞争的媒体市场和保护新闻自由的法律制度，充分发挥媒体对证券公司的治理功能。

（二）新媒体成为外部治理的重要力量

在现代社会，人们通过公众号、微博和小红书等新媒体快速获取和传播资讯。相比于传统媒体，新媒体显著降低了信息搜集与传播的成本，提高了信息的透明度，扩大了信息的传播范围和影响力。因此，新媒体报道自然成为降低证券行业信息不对称的重要手段，进而推动证券公司治理水平提升和促进证券行业健康规范发展。

新媒体不仅包括各传媒公司运营的杂志和公众号，也包括与日俱增的自媒体平台，比如微博、小红书和个人公众号。这两类新媒体由于自身特点不同，参与公司治理的途径也有所区别。传媒公司为了提高竞争力，凭借自身丰富的资源和专业的媒体人才深入证券行业、挖掘重大隐秘事件，从而对证券市场的参与者构成潜在的监督。而自媒体则更多发布自身的真实经历。大众通过证券行业从业人员的个人自媒体账户能获得关于券商的第一手资料，有时会形成话题讨论与高关注度，促使监管层发力。

那么新媒体通过什么渠道参与证券公司的治理呢？学术界对媒体参与公司治理的渠道已有大量研究，主要包括以下三个方面（郑志刚，2016）：第一，媒体关注将促使政府部门修改并有效实施《公司法》；第二，媒体关注将迫使公司董事（经理人）维持"好"的董事（经理人）声誉；第三，媒体关注将影响公司董事（经理人）的社会声誉和公众形象。那么具体到证券行业，我们认为媒体参与公司治理主要有以下三个渠道。

第一，新媒体披露证券公司的违规行为，保护投资者的利益。众所周知，相关监管部门是证券行业的监督主体，不过监管部门对券商及从业人员立案处罚需要掌握其违法或违规的事实证据，具有滞后性。而新媒体部分出于追逐商业利益的目的，更有动力挖掘更早期和更隐蔽的违法行为，甚至是违反公众道德的行为，进而成为监管部门的有效补充。此外，部分从业人员出于维护自身合法权益的目的，也会通过媒体主动曝光证券行业鲜为人知的信息。比如2021年某私募基金经理在微博爆料某上市公司曾让其以中间人的身份参与"市值管理"，却遭遇对方赖账。接着，该基金经理通过微博直播，曝出更多"市值管理"内幕，多家上市公司和证券公司被卷入其中。当日证监会新闻发言人火速回应，明确表态将严肃查处以市值管理之名实施操纵市场、内幕交易等行为并于两个月后通报落实该基金经理的相关举报。

第二，新媒体曝光券商问题引发高关注度，促使监管部门对券商进行整顿。2022年，某自称券商非银分析师的小红书"up主"高调晒出自己的超两百万元工资截图。该非银分析师的高薪一时掀起公众关于证券从业者的薪酬讨论。对此，证券公司和监管部门迅速回应。接着，某券商内部发布的员工社会行为准则流出。该行为准则从侧面反映了证券行业的高薪现状，引发网友热议。随后，中国证券业协会向券商下发薪酬管理制度调研的通知。

第三，新媒体的关注迫使券商维护声誉，从而保护员工的合法利益。虽然证券行业平均待遇高，但是内部差异巨大，部分基层员工的合法利益得不到有效保护。因此，这些员工有动力通过自媒体"大V"发声。那么为什么他们不向监管部门求助呢？主要有以下两点考虑：一方面，有些侵权行为情节较轻，他们认为没必要诉诸官方机构；另一方面，员工为了维护个人隐私，倾向于借助别人的自媒体匿名发声。比如，自2017年以来，某"大V"通过个人公众号陆续为证券从业人员发声，包括公司拖欠员工工资、要求员工签署不平等的竞业协议等事件。由于该"大V"关注人数大，被曝光的券商为了维护声誉，常常立刻发声道歉并迅速解决问题。

（三）从承包制看券商激励问题

证券业是一种智力型行业，人力资本的聚集和稳定是企业生存和发展的关键要素，因此证券公司治理结构的问题之一就是专业人才的激励机制。证券公司陆续实行承包制，以缓冲经济下滑对证券公司的冲击，盘活证券公司资产、提高经营效率。但该机制尚不完善，导致部分团队只追求完成业绩、获取分成，而忽视风险。

1. 券商承包制现状

目前，中国证券公司对员工的激励手段比较单一，包括提高工资、奖金、福利和非货币收益（如带薪年假、旅游、住房、交通工具等）等，激励的特点是一次性给付、短期激励，而缺少员工持股等长期激励，显然这种短期行为不利于企业长期发展。同时近年来，随着证券行业竞争的加剧，为解决员工激励不足的问题，许多证券公司开始实行承包制，即证券公司在债券承销部门实行承包，承包团队具体负责债券发行的全流程业务，从前期的债券承揽、承做、项目申报、获取债券项目批文到后期的销售、存续管理实行全流程管理。承包团队自负盈亏，实现收入后按照事先约定的收入分配比例同公司分配收入。

做好债券业务承包，关键是确定分配比例，明确承包团队的权利与责任。证券公司对于承包团队实行基本年薪加上按照承销业绩确定的奖金分配的薪酬制度。承包制的基本情况是承包团队与公司按照证券承销收入实行分成制度，大部分收入留给团队（包含了所有的项目费用），公司总体上拿30%～40%的分成。有些公司则对团队的分红进行相应的管理，比如分时付款。有些证券公司对不同规模的证券发行额制定了不同的分红比例，目的主要是鼓励团队将债券承销业务规模做大。

2. 承包制对券商的影响

证券公司承包制激励作用明显，能够显著提升证券公司的经营业绩，但是高激励容易引发对风险的忽视，从而损害投资者的利益。

一方面，债券业务承包制可以对员工产生有效激励，提高承包团队的活力，增加公司业绩。证券公司承包制用依据承包团队的业绩分配利润的薪酬制度替代了原有的以职务为基础的薪酬制度，带动了底层员工的积极性，体现了奖优罚劣、奖勤罚懒的原则，解决了证券公司内部各部门、各单位和职工个人的生产积极性问题，带动了证券公司经营业绩的显著提升。在承包制更高效的激励机制之下，证券公司可以吸引更多的优秀人才，为其带来先进的管理经验和业务模式，可以提高公司的技术水平，从而进一步推动提升证券公司整体的工作效率。

另一方面，承包制的高激励特征容易引发对风险的忽视，从而损害投资者的利益。证券公司债券业务承包制重点关注债券的顺利发行以实现承销收入，会助长员工的冒险意识，从而忽视债券承做过程中或者存续期间的种种风险，极易引起发行主体无法按时偿付本息的情况，不利于债券市场的稳定。具体来说，承包团队为了获取承包制带来的分成收入，会降低债券发行企业的发行门槛要求，忽视企业存在的问题甚至帮助企业造假。因此要建立健全相应的风控与合规制度，加大对债券业务承包制的风险控制，实现公司质控、合规部门与债券承包团队的有效隔离，对债券业务整体流程实现有效监控，防范利益输送、冲突和风险传导。

鉴于承包制会导致过度激励，2018年3月证监会发布《证券公司投资银行类业务内部控制指引》，明确规定："证券公司不得以业务包干等承包方式开展投资银行类业务，或者以其他形式实施过度激励。"因此，证券公司应构建激励与约束并重、长期与短期兼顾的长效激励机制。可以通过适度拉长业绩考核周期、薪酬递延等方式形成合理有效的长周期考核评价体系和收入分配机制。此外，可以探索将廉洁从业、合规诚信执业、践行行业和公司文化理念等情况纳入人员考核与薪酬管理，坚持正向引导激励与反向惩戒约束并重。不同体制的证券公司的薪酬合约设计有所不同。国有控股比例较高的证券公司要在承担好国有资产保值增值使命的基础上，建立风控和收益相结合的激励机制，充分调动员工的积极性。而民营控股比例较高的证券公司要充分利用自主性和灵活性建立市场化的激励约束机制。

四、证券公司的公司治理制度建设方向

我国证券公司是改革开放和证券市场发展的产物，在经历了"重发展、轻治理—建立完善现代企业制度—深化资本市场改革"三个阶段后，券商的合规经营能力和风险管理能力明显增强，内部控制制度和现代金融企业制度逐步完善。此外，我国陆续出台了多部法律法规，规范证券公司内部控制建设。但与此同时，券商仍然面临无实际控制人、员工激励与风险的平衡、内部利益冲突等问题。

在实际控制人方面，我们认为我国证券公司应有稳定的核心股东存在，以提高券商内部治理效率。对比广发证券和中泰证券被处罚事

件，我们发现，在一定程度上有实际控制人的国有券商比没有实际控制人的民营券商从立案到确认处罚耗时更短，以及更有可能收到小罚单。这说明实际控制人对券商公司治理发挥着重要作用，券商股权不宜过度分散。一方面，我国的资本市场尚不成熟，外部治理机制发挥的作用有限；另一方面，过于分散的股权结构本身就存在特别严重的股东"搭便车"问题。

在内部利益冲突方面，为了解决 IPO 过程中保荐机构只"荐"不"保"的问题，科创板创新性地引入了保荐券商跟投的新制度，但该制度容易导致券商投行部与另类投资子公司的利益冲突。建议有关部门让跟投比例在合理区间内浮动，而非定死跟投比例。这样可以给予券商子公司一定的自主选择权，使其发挥投研、定价的能力，从而可以多跟投自己看好的项目、少跟投自己不看好的项目，对于缓解利益冲突有一定的帮助。证券公司需要在制度设计上加强投行部门或者另类投资子公司的话语权，或者对 IPO 定价的利益影响进行重新分配，以缓和券商内部的利益冲突。

在外部治理制度建设方面，首先，注册制和新《证券法》对证券公司提出了更高的要求，促使发行人在 IPO 时更看重券商的声誉。注册制改革在压实中介机构责任、明确追责机制和保护投资者权益等多方面都做出了较为详尽的规定；相应地，投行的定价能力、销售能力、承揽能力和风控能力在新机制下会发挥更大作用。发行人在 IPO 时会选择声誉更高的券商，从而导致投行业务向头部券商聚集。保荐代表人为了获取更多的业务自然会从尾部和中部券商向头部券商流动。在注册制改革背景下，监管部门、证券公司和保荐代表人要各自发挥作用。其一，为了使保荐人更好地发挥作用，保荐制度需要进一步完善。监管部门可以联合行业自律协会，构建更完善的声誉约束机制。其二，在注册制改革背景下，券商机构应积极调整发展战略，迎接全面注册制改革带来的机遇与挑战。中小型券商若想建立自己的行业优势，需要将业务做精做专，可以利用地域优势专攻该地区的项目或培养其在某行业的优势。其三，在注册制改革背景下，保荐代表人应该充分履行其作为市场"第一看门人"的责任和义务，为自身积累良好的声誉。

其次，新媒体报道成为降低证券行业信息不对称的重要手段，进而推动证券公司治理水平提升和促进证券行业健康规范发展。在现代社会，人们通过公众号、微博和小红书等新媒体快速获取和传播资讯。相比于传统媒体，新媒体显著降低了信息搜集与传播的成本，提高了信息的透明度，扩大了信息的传播范围和影响力。我们注意到新媒体至少通过以下三个渠道参与证券公司的外部治理：第一，新媒体披露证券公司的违规行为，保护投资者的利益；第二，新媒体曝光券商问题引发高关注度，促使监管部门对券商进行整顿；第三，新媒体的关注迫使券商维护声誉，从而保护员工的合法利益。

在员工激励方面，由于证券业是一种智力型行业，人力资本的聚集和稳定是企业生存和发展的关键要素，因此证券公司治理结构的问题之一就是专业人才的激励机制问题。证券公司陆续实行承包制，以缓冲经济下滑对证券公司的冲击，盘活证券公司资产、提高经营效率。但该机制尚不完善，导致部分团队只追求完成业绩、获取分成，而忽视风险。证券公司应构建激励与约束并重、长期与短期兼顾的长效激励机制。可以通过适度拉长业绩考核周期、薪酬递延等方式形成合理有效的长周期考核评价体系和收入分配机制。不同体制的证券公司的薪酬合约设计有所不同。国有控股比例较高的证券公司要在承担好国有资产保值增值使命的基础上，建立风控和收益相结合的激励机制，充分调动员工的积极性。而民营控股比例较高的证券公司要充分利用自主性和灵活性建立市场化的激励约束机制。

第六章
基金公司的公司治理

　　随着中国经济的快速发展和居民财富的不断积累,基金作为一种集合理财工具,正越来越多地受到关注和应用。从广义上讲,基金公司包括公募基金和私募基金,两者在成立条件、监管要求、运作方式和产品设置等方面均有不同(见表6-1)。公募基金的成立需经证监会批准,其产品主要为面向社会公众公开发行的标准化产品,投资门槛较低。出于投资者保护的原则,公募基金的产品注册、运行监管和信息披露都相当严格。私募基金的成立采用登记备案制度,其主要通过非公开发售的方式面向合格投资者募集资金,投资门槛很高。私募基金产品多以合同定制,运行机制灵活、投资策略丰富。基金公司的组织形式主要可分为公司制和有限合伙制两种,中国市场上的公募基金均采用了公司制组织形式,而私募基金则两者兼有。公募基金和私募基金都是现代金融市场上不可或缺的组成部分,它们各司其职、互为补充、共同发展,为不同需求的投资者提供对应的理财工具。

　　与其他类型公司相比,基金公司的公司治理存在以下两个特点:一是人力资本密集,人才是基金行业最为关键的竞争资源,如何培养人才、留住人才、更好地发挥人才的作用是基金公司治理中的重要内容;二是利益关系复杂,基金公司的直接利益相关方较多,在利益传输环节容易产生利益冲突。对于公募基金而言，基金投资者与基金公司、基金公司与基金经理之间各存在一层委托代理关系，这构成了公募基金公司治理中的双重委托代理关系。对于私募基金而言，普通合伙人、有限合伙人、基金投资者之间的合作或委托关系则更加复杂，利益分配不当甚至可能影响基金的运作和存续。

表6-1 公募基金和私募基金的对比

	公募基金	私募基金
成立条件	需经证监会批准	登记备案成立
监管要求	产品注册、信息披露等监管要求严格	监管宽松
运作方式	仓位灵活、策略丰富	仓位限制严格，流动性要求高，对投资品种、投资比例和操作工具均有严格限制
产品设置	多为标准化产品，面向社会公众募集资金，投资门槛低	多以合同定制，面向少数特定投资者，投资门槛高
组织形式	公司制	公司制或有限合伙制

本章将从双重委托代理问题、股权结构、激励监督等多角度入手，分别讨论公募基金和私募基金在发展中面临的公司治理难题，以及值得探索的解决之道。

一、公募基金的公司治理

（一）公募基金行业的发展现状和股权结构

受宏观市场环境和监管政策变动的影响，中国公募基金行业的发展经历了多个阶段：1998年，南方基金和国泰基金成立，标志着中国公募基金行业正式起步；2003年颁布的《中华人民共和国证券投资基金法》在法律层面规范了公募基金的经营活动，经过三年的平稳发展，公募基金行业在2006年随着股市大涨进入了第一轮快速增长期；

2008年全球金融危机爆发，公募基金行业随之受挫，并由此陷入了一段较长时间的低潮期；2015年牛市的出现，为公募基金行业提供了新一轮的增长契机，同时得益于中国金融市场渐趋完善的基础设施和监管体系，公募基金行业由此进入平稳有序的发展阶段。在20余年的发展历程中，公募基金产品逐步走入大众视野，成为居民投资理财的重要工具，公募基金行业也成为我国多层次资本市场的重要组成部分。截至2022年2月底，中国境内现存公募基金管理公司有138家，其中外商投资基金管理公司有45家，内资基金管理公司有93家。另有取得公募基金管理资格的证券公司或证券公司资产管理子公司12家、保险资产管理公司2家。上述152家公募基金管理机构共管理着9 491只公募基金产品，资产净值合计26.34万亿元（见图6-1）。①

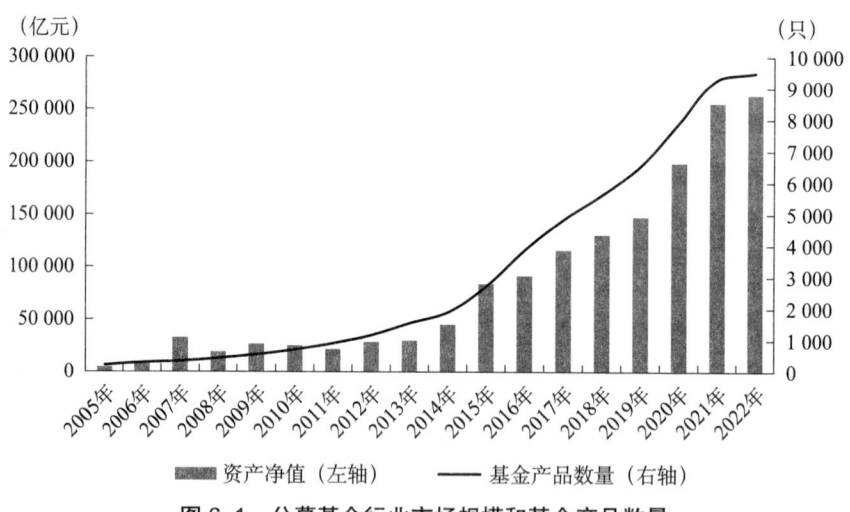

图6-1 公募基金行业市场规模和基金产品数量

当前，中国公募基金的股权结构呈现出以下几个特点：

第一，股权集中度普遍较高。股权集中度常用第一大股东持股比例或前两大股东持股比例之和来衡量。从上述两个指标的变动趋势

---

① 数据来源于中国证券投资基金业协会。

来看，中国公募基金的股权集中度自2002年以来持续上升，近年趋平并稳定在高位。第一大股东平均持股比例自2002年的28.62%逐步上升至2014年的52.68%，后稳定在52%~56%之间；前两大股东持股比例之和的平均值自2002年的49.20%逐步上升至2009年的82.74%，后稳定在82%~85%之间（见表6-2）。

第二，股权制衡度逐渐下降。股权制衡度常用第二大和第三大股东持股比例总和与第一大股东持股比例的比值来衡量。该指标由2002年的144.80%波动下降至2021年的86.20%，表明中国公募基金的股权制衡度呈现逐渐下降态势。

第三，民营资本持股比例不断上升，外资持股比例有所下降。从行业整体来看，公募基金民营资本平均持股比例自2002年的0.98%上升至2021年的28.80%，其中2014—2019年增速尤为显著，由10.87%上升至28.64%，近三年增速放缓、逐渐趋于平稳。

表6-2 公募基金股权结构特点统计

年份	民营资本持股比例	外资持股比例	第一大股东持股比例	前两大股东持股比例之和	第二、三大股东持股比例总和/第一大股东持股比例
2002	0.98%	0.00%	28.62%	49.20%	144.80%
2003	4.41%	5.59%	37.34%	62.12%	129.97%
2004	6.19%	8.17%	43.10%	69.20%	109.16%
2005	9.06%	10.29%	47.64%	74.60%	99.38%
2006	8.35%	12.19%	46.27%	75.95%	105.33%
2007	7.23%	15.38%	46.49%	78.04%	108.29%
2008	6.20%	18.64%	49.08%	81.86%	103.87%
2009	5.82%	19.35%	49.75%	82.74%	101.52%
2010	5.79%	20.33%	49.31%	82.58%	101.47%
2011	6.55%	20.28%	49.05%	82.31%	103.00%

续表

年份	民资持股比例	外资持股比例	第一大股东持股比例	前两大股东持股比例之和	第二、三大股东持股比例总和/第一大股东持股比例
2012	7.32%	19.71%	49.40%	82.90%	100.48%
2013	9.27%	19.17%	49.38%	82.84%	102.18%
2014	10.87%	16.08%	52.68%	84.94%	89.44%
2015	16.16%	14.28%	53.52%	84.91%	92.41%
2016	18.00%	12.99%	52.21%	83.69%	93.96%
2017	21.97%	11.77%	53.77%	84.43%	92.14%
2018	24.57%	11.43%	54.39%	84.66%	89.82%
2019	28.64%	10.57%	54.83%	84.46%	89.72%
2020	28.73%	10.12%	55.23%	84.60%	87.65%
2021	28.80%	10.12%	55.61%	84.49%	86.20%

（二）公募基金公司治理面临的问题

1. 双重委托代理问题是公募基金公司治理的核心问题

中国市场上的公募基金大多为契约型基金，遵循契约原则通过发行受益凭证形成代理投资关系。契约型基金的主要参与方包括基金管理人、基金托管人和投资者。基金公司作为基金管理人负责基金的投资决策和运营管理，商业银行作为基金托管人负责资金的保管和处置，而投资者作为基金份额的持有人，凭借受益凭证获取投资收益、承担投资风险。

契约型基金的本质是一种信托关系，其本质目的是最大化持有人的利益。但由于基金产品本身并非实体，也不具有法人资格，基金持有人只能将其资产委托给基金公司代为管理，由此形成了一种所有权意义上的委托代理关系。在这种关系中，投资者作为委托方处于信息劣势地位，而基金公司作为代理人处于信息优势地位。与此同时，基金公司的所有者通过任命基金经理将资产的管理权委托给基金经理，又形成了一种管理权意义上的委托代理关系。在这种关系中，基金公司作为委托人处于信息劣势地位，而基金经理作为代理人处于信息优势地位。基金投资者、基金管理公司和基金经理三方追求的利益目标各不相同：基金投资者追求自身利益的最大化，即基金份额净值的增长；基金管理公司追求经营绩效的最优化，如基金规模的扩大和基金业绩的提升；基金经理追求个人利益的最大化，如业绩考核排名或绩效薪酬收益。

两级委托代理关系导致的信息不对称，以及契约各方利益目标的不同，共同导致了公募基金公司治理结构中的双层委托代理问题。其具体表现形式包括但并不限于基金经理变动频繁导致产品业绩滑坡，基金从业人员的"老鼠仓"行为损害基金公司的形象，基金公司与券商之间的利益输送行为等，而基金投资者作为信息劣势方，往往会遭受利益侵损。为了缓解双层委托代理问题，有效保护基金持有人的利益，契约型基金的股权架构和治理机制经历了多阶段的探索，并仍在不断演化。

2. 从股权结构变迁看公募基金公司治理问题

为缓解公募基金公司治理中的双重委托代理问题，同时得益于监管规则的完善和市场环境的发展，中国公募基金的股权结构在发展中不断演变，反映出基金公司为优化公司治理、提升基金业绩所进行的实践。从1998年至今，公募基金股权结构变迁大致可分为以下四个阶段：

（1）1998—2002年，中国公募基金公司股东由国资独占，所有者缺位问题凸显，股权集中度过高。

1997年，《证券投资基金管理暂行办法》的出台为中国公募基金行业提供了政策指引。在当时的市场环境和时代背景下，监管部门出于风险控制和试点推广的考虑，在发放公募基金牌照时优先考虑国资背景的股东。从1998年成立的南方基金和国泰基金算起，中国市场上成立的前19家公募基金均为100%国资控股。2002年，金鹰基金管理有限公司成立，其股东既包括国资背景的广州证券（持股40%）和广州药业（持股20%），也包括民营资本四川南方希望有限公司（持股20%）和美的电器（持股20%）。自此，中国公募基金行业开启了公私合营的时代。这一阶段成立的公募基金主要由国资背景的证券公司或信托公司发起，并逐渐演化形成当前中国公募基金行业的两大重要派系——券商系和信托系。券商系公募基金的典型代表包括华夏基金（由中信证券控股）和广发基金（由广发证券控股），信托系公募基金的典型代表包括平安基金（由平安信托控股）和华宝基金（由华宝信托控股）。截至2022年3月，中国现存券商系公募基金有67家，信托系公募基金有22家。

国资背景给公募基金提供了正面的资源支持和协同作用，但同时也引发了一些公司治理问题。一是所有者缺位问题。与国有企业类似，由于国有股东股权管理、权利行使效率较低，且由上级任命的董事长拥有较大的决策权力，国资背景的公募基金往往也呈现出管理层成为决策中心的局面，加之激励、监督机制不完善等因素，容易引发"内部人控制""老鼠仓"等问题。二是股权集中度过高问题。股权集中度是衡量一个公司股权分散程度的关键指标。在中国市场上，公募基金多采用职业经理人制度，且公司股东往往不具有基金投资的专业能力，因此在股权集中度高的公司中，处于绝对控制地位的大股东很难在具体业务上对基金公司起到正面的指导和帮助作用，反而有可能限制和阻碍基金管理者的专业操作。与此同时，其他股东对于大股东的监督作用非常微弱，也容易引发大股东利益侵占问题，间接提高了基金公司的经营风险（王健超，2006；刘培烨，2019；王晓涵，2022）。

（2）2002—2008年，外资入场，基金行业迅速扩张，基金公司与基金经理间利益冲突酝酿发酵。

2001年，中国加入世界贸易组织（WTO），对外贸易与国际交流日益频繁。2002年6月，证监会颁布《外资参股基金管理公司设立规则》，允许外资持有基金公司不超过33%的股权。国际贸易交流的持续发展和金融政策的逐步放开为中外合资基金管理公司的成立提供了客观条件。2002年12月，招商证券联合三家非金融央企的财务子公司（中远财务有限责任公司、中国华能财务有限责任公司、中国电力财务有限公司），引入荷兰国际集团作为外资股东，共同设立了中国首家中外合资的公募基金管理公司——招商基金。在股权结构的安排上，招商证券持股40%，荷兰国际集团持股30%，其余三家央企财务子公司分别持股10%。由此，中外合资基金管理公司登上中国市场的舞台，中外合资也成为这一时期基金公司股权结构设计的主要形式。2002—2008年，中国市场上先后成立了40家公募基金管理公司，其中有25家为中外合资基金管理公司，占比为62.5%。

2005年，《商业银行设立基金管理公司试点管理办法》发布，促使多家国有大型银行通过引入外资进入公募基金市场，中国工商银行、中国建设银行、中国农业银行、中国银行、交通银行分别与外资合作成立了工银瑞信基金、建信基金、农银汇理基金、中银基金、交银施罗德基金。此外，浦发银行、民生银行等多家股份制银行也联合外资分别设立了浦银安盛基金、民生加银基金等一批公募基金。这些由银行发起成立的基金逐渐发展壮大，形成了中国公募基金行业中的另一重要派系——银行系，其中工银瑞信基金、中银基金、建信基金、交银施罗德基金一度进入公募基金公司管理规模的前10位。截至2022年3月，中国市场上现存15家银行系公募基金，管理资产总规模达5.14万亿元，占公募基金市场总规模的20%以上。

外资的大规模进场在一定程度上缓解了纯国资股权结构的弊端，推动了公募基金行业的发展。一方面，中外合资股权结构通过引入外资改变了公募基金行业国资独占的状况，在一定程度上缓解了所有者缺位的治理问题。另一方面，外资的进入丰富了基金公司的股东背景，让借鉴国际先进公司治理机制成为可能。外资股东在投资者结构、基金产品管理和金融风险控制方面的先进经验给合资基金的业绩带来了正面影响（江萍和田澍，2011；介勇虎和任颋，2011）。但尽管如此，随着基金行业的迅速壮大以及基金业绩的提升，基金公司与基金经理之间的利益冲突愈加突出，公募基金行业迫切需要发展更加合理、健全的薪酬设计、股权激励、外部监督等机制。

（3）2010—2020年，民营资本时代来临，如何避免股权纷争，缓解大股东与小股东、股东与员工间的利益冲突成为公司治理的重点。

2008年全球金融危机爆发，公募基金行业的发展随之陷入停滞，2009年全年无新设公募基金。2010年以来，民营资本大规模进入公募基金市场，在这一时期成立的约70家公募基金中，有超过40家公募基金的股权结构中均出现了民营资本的身影。由于监管机构对公募基金牌照的控制相对严格，民营资本往往避免直接申请基金牌照，而是通过收购国资基金公司股权进入公募基金市场。以阿里巴巴为例，其于2014年通过收购天弘基金51%的股权进入公募基金市场，与此同时，天弘基金也成为国内唯一一家互联网金融系公募基金公司。

2013年，修订后的《中华人民共和国证券投资基金法》正式实施，该法放宽了基金管理公司股东条件，并允许基金管理人实行专业人士持股计划，由此市场上涌现出一大批"私转公"公募基金和自然人持股的个人系公募基金。2016年7月，中国首家由阳光私募基金转型而来的公募基金——鹏扬基金成立，此后，凯石基金、朱雀基金、博道基金、弘毅远方基金等多家私募基金成功转型，成为公募基金市场的一支重要力量。个人系公募基金是指由行业内经验丰富、业绩突出的高级管理人员创立的公募基金,这类基金公司往往在投研、风控和运营等方面具备更高的专业性。2015年成立的泓德基金是中国第一家个人系公募基金,此后汇安基金、睿远基金、东方阿尔法基金等相继成立。截至2022年3月,中国市场上现存个人系公募基金超过20家。

民营资本的入场,尤其是自然人持股政策的施行基本解决了国资独占时代公募基金面临的所有者缺位问题,并在一定程度上缓解了基金公司与基金经理之间的委托代理问题。但与此同时,新的公司治理问题也随之产生。一是股权集中度重新攀升,股东背景的复杂性使得控制权争夺更易发生。随着民营资本在公募基金股权结构中的占比持续上升,大股东侵害公司利益的问题得到缓解,但多足鼎立的股权结构也更加容易引发股权纷争,从而给公司经营带来更加严重的后果(朱红军和汪辉,2004;陈信元和汪辉,2004;赵景文和于增彪,2005)。二是股东之间、股东与员工之间的利益冲突更易发生。由于个人系公募基金的大股东往往也是基金的核心管理人员,治理模式上很容易形成以个人为中心、一人独断的局面,因而更易引发大小股东之间,或股东与员工之间的利益冲突。

(4) 2020年以来,基金公司外资股比限制全面放开,外资独资公募基金管理公司登场。

2019年7月20日国务院金融稳定发展委员会办公室对外发布的《关于进一步扩大金融业对外开放的有关举措》明确规定,自2020年4月1日起在全国范围内取消基金管理公司外资股比限制。自此,由外资全资控股的公募基金管理公司在政策层面成为可能。目前已有贝莱德基金、路博迈基金、富达基金三家外资公募基金管理公司率先获得牌照,另有范达基金、联博基金等多家外资机构正在排队申请公募基金牌照，可以预见外资系公募基金也将成为中国公募基金行业的又一重要力量。这一阶段经历的时间还较为短暂，目前还难以观察该股权结构的变化对公募基金公司治理的影响。

3. 从股权激励看公募基金公司治理问题

公募基金行业的发展壮大吸引了大批人才进入，也成就了很多"业内大牛"和"明星经理"。但与此同时，行业内也出现了基金经理和资深高管频繁离职的现象。2012—2021年公募基金公司高管变更统计如表6-3所示。截至2022年3月14日，年内已发生41起基金高管变更，涉及35家基金公司。人才是基金行业最为关键的竞争资源，行业内人员的频繁流动，特别是基金经理的频繁跳槽，既不利于基金产品的业绩提升，也不利于基金公司的长远发展。股权激励作为一种稳定长效的人才激励机制，在公募基金行业获得了广泛的应用，股权激励制度的发展和应用也反映了公募基金激励层面的公司治理实践。

表6-3 公募基金公司高管变更统计

年份	高管变更 变动人数	高管变更 涉及公司数	其中：董事长 变动人数	其中：董事长 涉及公司数	其中：总经理 变动人数	其中：总经理 涉及公司数	其中：副总经理 变动人数	其中：副总经理 涉及公司数	其中：督察长 变动人数	其中：督察长 涉及公司数	其中：首席信息官 变动人数	其中：首席信息官 涉及公司数
2021	362	124	79	39	98	47	157	84	42	21	31	26
2020	387	127	79	41	103	54	146	82	68	35	48	39
2019	339	127	80	42	87	46	109	73	54	29	56	55
2018	284	107	57	33	70	39	121	74	60	33	1	1
2017	255	97	63	32	63	33	111	69	50	27	0	0
2016	272	105	77	47	70	39	101	60	56	28	0	0
2015	342	105	70	41	94	48	160	79	60	34	1	1
2014	279	96	79	46	70	42	102	60	53	31	0	0

续表

年份	高管变更		其中：董事长		其中：总经理		其中：副总经理		其中：督察长		其中：首席信息官	
	变动人数	涉及公司数	变动人数	涉及公司数	变动人数	涉及公司数	变动人数	涉及公司数	变动人数	涉及公司数	变动人数	涉及公司数
2013	157	68	30	18	51	27	72	42	20	12	0	0
2012	155	60	18	13	48	25	67	42	39	21	0	0

股权激励最早出现在19世纪50年代的美国市场，用于解决公司股东和职业经理人之间的委托代理问题，其核心思想是通过使中高层管理人员和技术骨干也成为公司股东，提升他们的工作动力和忠诚度。

早在20世纪90年代，我国便有公司尝试建立股权激励制度，但由于当时中国资本市场不够成熟，法律依据不够完善，股权激励制度的普及和应用步履维艰。2005年，股权分置改革全面铺开，为中国公司实施股权激励提供了现实条件，同时修订后的《公司法》和《证券法》的陆续实施也解决了法律层面的问题。2006年，《上市公司股权激励管理办法（试行）》的颁布正式开启了中国公司规范开展股权激励的时代。具体到金融行业，国有商业银行最早开展了股权激励的试点工作，但在具体实施时引发了诸多争议，据此财政部在2008年6月下发了《关于清理国有控股上市金融企业股权激励有关问题通知》，规定国有控股的上市金融企业不得擅自实施股权激励，直到2014年，这一试点工作才重新放开。2013年正式实施的新《中华人民共和国证券投资基金法》鼓励公募基金管理人实施专业人士持股计划，半年后发布的《国务院关于管理公开募集基金的基金管理公司有关问题的批复》进一步明确符合条件的专业人员可持有公募基金管理公司5%以上的股权，此后大批公募基金管理公司陆续开启股权激励计划。2021

年全年，中国市场上有 818 家上市公司公告了股权激励计划，其中新上市公司数量突破 520 家，创下历史新高。

自股权激励机制被引入以来，国内学术界就围绕股权激励对公司价值的影响展开了大量研究。一些早期的研究结果显示股权激励对公司价值存在负面影响，究其原因是早期的股权激励方案不够成熟，同时市场环境和制度保障不到位，导致股权激励不仅未能解决委托代理问题，反而对公司业绩产生了负面影响（顾斌和周立烨，2007；俞鸿琳，2006）。在股权激励机制发展较为成熟之后，一些实证研究从经营绩效和公告效应等角度验证了股权激励对公司价值的正面影响（沈红波，等，2018；王砾，等，2017）。随着资本市场的不断发展，公司实施股权激励的动机也不再局限于解决委托代理问题或提高员工激励水平，相关研究指出，上市公司推出员工持股计划的动机有可能是进行市值管理（陈运佳，等，2020）。

具体到公募基金层面，普遍认为股权激励能够提升基金业绩，其影响渠道主要有两种。第一，提升人才数量和忠诚度。股权激励给予基金经理在固定收入和业绩提成之外的股票收入，能够吸引更多人才就业，同时降低了在职基金经理离职的概率，从而使得公司人才团队更加稳定和壮大，对基金业绩产生正面影响。第二，缓解基金产品管理中的短视。基金行业注重短期收益，基金经理的收入也与短期收益相关，这导致了基金产品管理中的短视。股权激励通过使基金经理成为公司股东并享有公司发展的长远利益，缓解了产品短视的问题，从而对公司长远发展产生正面影响。

（三）公募基金公司治理的新探索

1. 实施股权激励——以天弘基金为例

天弘基金于 2014 年实施了股权激励计划，是业内较早试水员工持股计划的基金公司。在具体方案上，天弘基金采用了员工持股平台的方式，激励对象通过四家有限合伙企业（分别为新疆天瑞博丰股权投资合伙企业、新疆天惠新盟股权投资合伙企业、新疆天阜恒基股权投资合伙企业和新疆天聚宸兴股权投资合伙企业）共计出资1.83亿元，持股比例合计为11%。股权激励计划实施后天弘基金的股权结构如表6-4所示。

表6-4　股权激励计划实施后天弘基金的股权结构

股东名称	股权比例
浙江蚂蚁小微金融服务集团股份有限公司	51.00%
天津信托有限责任公司	16.80%
内蒙古君正能源化工集团股份有限公司	15.60%
芜湖高新投资有限公司	5.60%
新疆天瑞博丰股权投资合伙企业（有限合伙）	3.50%
新疆天惠新盟股权投资合伙企业（有限合伙）	3.50%
新疆天阜恒基股权投资合伙企业（有限合伙）	2.0%
新疆天聚宸兴股权投资合伙企业（有限合伙）	2.0%
合计	100%

从基金业绩和团队稳定性上看，股权激励计划的实施对天弘基金的可持续发展起到了一定的正面作用。天弘基金的快速发展始于2013年与支付宝合作推出余额宝，但在享受高份额货币基金红利的同时，产品结构的不平衡也成为制约天弘基金可持续发展的主要因素。2014年5月，天弘基金的余额宝规模超过2 500亿元，而非货币基金的总规模仅为109.44亿元，基金整体规模中货币基金占比极高。在实施了股权激励计划后，天弘基金开始大力发展权益基金业务，以优化产品结构，到2022年2月末，天弘基金旗下非货币基金的规模已突破

3 000 亿元，产品类型涵盖普通股票基金、偏股混合基金、指数基金、合格境内机构投资者（QDII）基金等。在人才激励和团队稳定方面，股权激励的效果也是十分明显的。如图 6-2 所示，2013 年天弘基金的经理团队离职率接近 30%，远高于行业平均水平，在实施股权激励计划之后的前两年（2014 年和 2015 年），天弘基金的经理团队中没有基金经理离职，从 2016 年开始有团队人员变动，但离职率相比于股权激励计划实施之前有明显下降。

图 6-2 天弘基金的基金经理离职率情况

天弘基金的股权激励计划共覆盖 208 名核心员工，其激励范围几乎与基金全体员工数相近，这也产生了激励缺乏差异化的问题。由于获得股权与否与实际贡献关联不大，员工持股计划的激励作用可能并不明显，尤其是在业务与蚂蚁金服高度绑定的天弘基金中，基金业绩和经营利润都有强大的平台效益做保障，更容易出现员工尸位素餐、坐享其成的情况。同时，既有股权分配格局可能对未来的人才引进产生不利影响，未来还需为员工持股计划做好进出机制安排以满足新晋员工对于股权激励的诉求。

2.其他值得讨论的公募基金公司治理探索

从天弘基金的案例中可以看出，股权激励机制作为一种稳定的人才激励机制，能够帮助公司留住核心人员，激发基金公司的活力。但在具体实施过程中，仍存在退出机制不完善、激励方案和范围不当等问题。因此，尽管股权激励对基金业绩具有正面效应，但也并非提升基金业绩的灵丹妙药。一方面，当前公募基金行业广泛采取的股权激励机制仍有不成熟和不完善的地方；另一方面，基金公司在实施了股权激励计划之后，还需在实际治理中将其与多种治理机制相结合，以达成更好的效果。例如，探索建立高效的独立董事制度和基金份额持有人代表大会机制也是未来公募基金公司治理的发展方向。

独立董事制度是改善董事会的结构、减少内部人控制的有效手段，独立董事基于独立立场做出的客观判断有利于强化对内部董事及经理层的约束和监督机制，保护中小股东及利益相关者的利益，从而增强公司的长期可持续发展能力。在发达国家的资本市场中，上市公司董事会中独立董事的占比受到法律限制。如美国于1940年颁布的《投资公司法》明确规定投资公司的董事会成员中应该有不少于40%的独立人士。中国暂未在法律层面对独立董事制度做出具体要求，仅在《关于在上市公司建立独立董事制度的指导意见》中提到，董事会成员中应当至少有1/3的独立董事。而在实践中，并非所有公司均严格遵守了该项规定。在2019—2021年的三年里，25%～30%的基金公司的独立董事比例刚好满足33.3%，也存在一些基金公司的独立董事占比低于33.3%。

公募基金的公司治理中存在双层委托代理问题，股权激励机制通过协调统一基金公司与基金经理的利益，缓解了第一层委托代理问题，但第二层委托代理问题，即基金持有人与基金公司之间的委托代理问题无法通过实施股权激励计划来解决。现实中，当基金公司通过新发基金产品、拓宽销售渠道等方式扩大公司的资产规模时，单个基金产品的收益往往会被稀释，已发行基金的持有人的权益会因此受到损害。基金份额持有人大会机制给予基金持有人参与公司决策的途径，从而有效缓解了上述问题。现行的《中华人民共和国证券投资基金法》规定，基金公司应当按照规定召集基金份额持有人大会，但实践中多数公募基金并没有实质性地设立该基金份额持有人大会。这意味着基金份额持有人的利益代表处于缺位状态，基金份额持有人的意志很难在公司决策中得到体现，基金份额持有人的利益也很难得到保护。因此在推进股权激励制度的同时，应当同时推进基金份额持有人大会的制度建设。

二、私募基金的公司治理

（一）中国私募基金行业发展现状

私募基金是资本市场的重要组成部分，是风险投资、创业投资的重要融资渠道，也是解决初创企业融资难题的有效路径。改革开放以来，中国经济快速稳健发展，大众创业创新热潮持续不减，多层次资本市场逐步完善，私募基金在投资标的和退出机制的选择上更加多样灵活，行业发展也更加快速稳健。截至2021年第四季度末，中国资产管理业务总规模约为67.87万亿元，其中私募基金规模为20.27万亿元，占比近30%。

中国私募基金行业是应市场变化和投资者需求而产生和发展的。改革开放之初，中国就开启了探索建立风险投资机制的道路，但由于当时的市场尚不成熟，退出路径不畅，早期成立的基金大多以解散告终。2003年，《中华人民共和国证券投资基金法》《证券公司客户资产管理业务试行办法》等陆续出台，为私募基金行业的发展提供了制度条件和法律基础。2004 年，深国投推出了"深国投·赤子之心（中国）集合资金信托计划"，该计划作为中国首个证券类信托计划开创了阳光私募基金的先河，2007 年颁布的《信托公司集合资金信托计划管理办法》进一步促进了阳光私募基金的规范发展。2008 年国际金融危机和 2010 年股市震荡下行期间，阳光私募基金均跑赢公募基金和大盘指数，其良好的风险把控能力受到投资者青睐，行业规模由此不断扩大。2014 年，《私募投资基金管理人登记和基金备案办法（试行）》的颁布开启了私募基金备案制度，大大提高了私募基金设立效率；2015 年，李克强总理提出"大众创业、万众创新"，市场上随之涌现大批优质的投资标的；2020 年创业板注册制落地开闸，进一步完善了私募股权基金的退出渠道。上述多项利好带来了国内私募股权投资行业的爆发式增长。截至 2021 年 12 月，中国市场上已注册备案的私募基金管理人共 24 577 家，存续私募基金产品有 124 391 只，管理规模达 19.78 万亿元（见图 6-3）。①

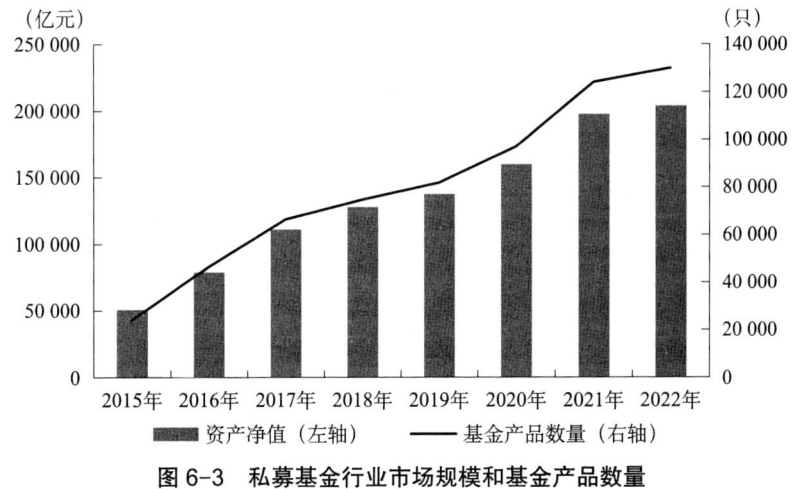

图 6-3　私募基金行业市场规模和基金产品数量

---

① 数据来源于中国证券投资基金业协会《2021 年私募基金登记备案综述》。

私募基金的组织形式主要包括公司制、有限合伙制和契约制三种，中国的私募基金主要采取前两种组织形式。截至2021年底，中国市场上现存的私募基金中，采取公司制的有22 370家，采取有限合伙制的有1 773家（见表6-5），另外还有少量私募基金采取了普通合伙或其他组织形式。

表6-5　私募基金组织形式统计（2021年）

组织形式		存续数量
公司制	股份有限公司	446
	有限责任公司	21 924
合伙制	普通合伙	65
	有限合伙	1 773
其他	其他	36

说明：数据来源于中国证券投资基金业协会。

（二）私募基金公司治理面临的问题

公司制和有限合伙制是当前中国私募基金行业的主流组织形式，两者在企业运营、激励机制、分配制度、税收缴纳等方面存在显著差异。本节后续内容将通过两个案例具体分析公司制和有限合伙制组织形式下，私募基金发展可能面临的公司治理问题。

1.公司制私募基金面临的公司治理问题

在中国私募基金行业发展早期，多数私募基金采用公司制组织形式。在这种形式下，公司运营模式和治理机制相对完善，利益各方的权利义务界定明晰，基金日常运营管理工作由外部聘请的专业管理人承担，公司股东不参与基金运营活动。公司制最明显的缺点是双重税费，即基金投资收益在分配给投资者之前就需先缴纳企业所得税，投资者获得收益后还需缴纳个人所得税，大大降低了实际投资收益率。

在公司制组织形式下，私募基金面临的公司治理问题与公募基金类似，主要产生于投资者、基金公司、基金经理三者之间。

第一，投资者与基金公司之间的冲突。在公司制私募基金中，投资者作为公司股东，可以通过股东大会参与公司的决策和管理，这对于投资者保护有积极意义；但相应地，基金管理人专业化、前瞻性的决策也可能受到股东和董事会的影响，造成投资决策效率降低或资金最终用途与计划不符等问题。

第二，基金公司与基金经理之间的冲突。公司制私募基金的另一弊端是对基金经理的激励和约束不足，更易引发基金经理的违规行为，从而损害投资者的利益。与合伙制私募基金相比，公司制下基金管理人的收益需在公司层面缴纳企业所得税，同时基金收益分配与股权结构高度相关，基金经理往往不持有或持有很少的公司股权，因而收入有限。与此同时，不同于合伙制下管理人承担无限责任的情况，公司制下基金经理只需承担有限责任，因而冒险动机也更强。

本书以中金资本为例来说明公司制私募基金存在的基金经理（及管理层）激励和约束不足问题。中金资本成立于2017，是中金公司旗下负责私募投资基金业务的平台，基金管理规模约为3 600亿元人民币，投资管理团队超过300人。作为一家公司制私募基金，中金资本的公司结构相对复杂，具有相对完善的股权制度和独立的行为能力，在经营发展的稳定性上有着天生优势。同时，依托母公司中金公司的市场平台和客户资源，中金资本的募资能力和投管能力也十分强劲。在中金资本目前管理的3 600亿元资产中，约1 000亿元为国家新兴产业母基金和众多地方政府母基金或引导基金，另外2 000多亿元则是直投基金，其中近一半资金来自中金公司在投行业务中的大客户。

在基金的具体运营中，中金资本采用投资团队分工的方式，将公司人员分为20多个投资团队，每个投资团队管理若干只基金。自成立以来，中金资本的投资足迹遍布生物医疗、文化消费、高端装备制造、数字经济等众多领域，旗下拥有200多只直投基金，投资项目超过800个。此外，中金资本还积极加强同产业集团的沟通合作，通过设立产业基金的方式助力产业链升级和产业生态建设。

2021年初，时任中金资本执行总经理（相当于投资团队负责人兼基金经理）被举报私设基金进行利益输送，并倒卖跟投额度收取高额回扣，此事经母公司查实后给予该总经理开除处分，另有其他六名员工视情节严重程度分别被给予降级/调岗、严重警告和批评教育处分。这一事件在一定程度上反映了公司制私募基金存在的激励和约束不足问题。

2. 有限合伙制私募基金面临的公司治理问题

与公司制组织形式不同，有限合伙制私募基金本身不是纳税主体，因此不需要缴纳企业所得税，基金收益只需在分配给投资者之后按其适用税率缴纳一次税款，从而避免了公司制下的双重税费。这也是现实中多数私募基金采用有限合伙制的原因。在有限合伙制组织形式下，私募基金的利益相关方按照权利和义务的不同可分为普通合伙人和有限合伙人两类。普通合伙人负责基金的日常运营管理工作，对基金债务承担无限责任，有限合伙人作为出资方仅提供资金来源，并以出资额为限承担有限责任。在有限合伙协议中，普通合伙人往往也被要求投入自有资金（一般为基金总募集资金的1%以上），以绑定其与基金整体的利益，缓解管理者和出资方之间的委托代理问题。同时，为了给予基金管理者更多的激励，有限合伙制中的普通合伙人除了获取固定比例的管理费之外，也拥有一定的利益分配权（一般在20%左右）。

有限合伙制私募基金公司治理中面临的最大挑战是合伙人退出的问题，包括有限合伙人退出和普通合伙人退出。在有限合伙人退出的情况下，可能出现前期承诺投资额不能完全实缴的情形，同时基金存续项目和后续投资计划的实施都会受到影响。在普通合伙人退出的情况下，基金不仅会损失该合伙人背后的资源，日常经营还会受到影响。根据合伙协议中的"关键人员条款"，合伙人有权在决定退出基金时撤出自己的资金。这一条款在法律层面保障了合伙人的权益，但却不利于基金管理结构的稳定和可持续发展。一方面，关键合伙人的离开对基金的专业投资能力和市场影响力都存在负面影响；另一方面，退出人员所持份额的定价和清算非常复杂，寻找合适的接手方也需耗费大量时间，在此期间基金的正常运作和投资工作都会受到影响。

值得注意的是，为提高私募股权基金份额转让和退出的效率，私募股权二级市场应运而生，成为有限合伙人退出的重要方式。此外，近年新三板精选层、金交所也可进行私募基金的权益转让业务，这也将为私募基金退出提供新的方向。

本书以厚朴投资为例来分析有限合伙制私募基金在公司治理中面临的股权转让难题和合伙人退出困境。厚朴投资是由高盛集团中国合伙人方风雷、毕马威中国前任主席何潮辉、高盛前资深银行家王忠信于2007年合作创办的私募股权投资基金。厚朴投资在组织形式上采用国际标准的有限合伙制，在投资方向上聚焦中国概念。目前，厚朴投资管理资产总规模超过140亿美元，累计牵头投资超过400亿美元，投资项目包括小米科技、蔚来汽车、蘑菇街、商汤科技等。

厚朴投资作为有限合伙制私募基金的代表，在成立之初就充分展现了有限合伙制组织形式的各项优势。三位初创合伙人均在资本市场深耕多年，与高盛、新加坡淡马锡等国际机构关系密切，他们丰富的投资经验、广泛的人脉资源和强大的市场影响力使得厚朴投资在成立之初便创下了亚洲私募基金首轮募集资金最高的纪录。2008年，厚朴投资首期基金融资额突破原计划的 20 亿美元飙升至创纪录的 25 亿美元，其中原拟投资 10 亿美元的淡马锡最终只获得了约 8 亿美元的投资额度，高盛则投入了超过 3 亿美元。此外，加拿大公务员退休基金、壳牌公司、新加坡国立大学退休基金、日本中央农林金库、日本大和证券集团等国际知名机构也参与了首期基金的认购。

成立后短短两年内，厚朴投资就以三个大型投资项目打响了其在私募股权投资行业的名声。2009 年 1 月，欧美银行深陷金融危机漩涡，厚朴投资组织投资财团耗资 6.5 亿美元从英国皇家苏格兰银行手中购入 32.4 亿股中国银行股份（占其总股本的 1.278% 及 H 股的 4.26%）。2009 年 5 月，厚朴投资再次牵头投资财团以每股 4.2 港元全数接手美国银行出售的 135.09 亿股中国建设银行 H 股股份，总价高达 73 亿美元，该项交易几乎是香港开埠以来最大的一宗股票配售交易。2009 年 7 月，厚朴投资携手中粮集团以成立特殊目的公司的方式共同入股蒙牛乳业，总投资额达 61 亿港元，该笔交易创下了国内食品业交易金额的最高纪录，同时也开创了"国有资本＋民营资本＋战略合作"的合作模式。

从 2010 年开始，厚朴投资的投资步伐放缓。在 2010 年底至 2012 年超过一年的时间内，厚朴投资都没有投资新项目或募集新资金的消息，却不止一次从已投资项目中退出。2011 年 5 月，厚朴美元基金以每股 3.92 元的价格出售 1.63 亿股永晖焦煤股份，总交易额达 6.39 亿元；2012 年 6 月，厚朴美元基金与欧洲第一大乳企爱氏晨曦签订协议，以 22 亿港元出售厚朴投资所持蒙牛乳业全部权益，折合成蒙牛股权共计 5.9%。2012 年初，厚朴投资董事长方风雷公开表示："厚朴基本上做两个业务——投资与投顾，现在正在做资本退出。"上述种种都让厚朴投资深陷"散伙"传闻，对此厚朴投资承认团队人员存在投资理念和经营方式上的不同，需要进行一些人事调整。现如今厚朴投资的机构信息中已不见初创合伙人何潮辉和王忠信的身影。

在厚朴投资的案例中，有限合伙制下合伙人的能力和背景是其成立早期飞速发展的关键，但2010年投资步伐放缓同样也是由有限合伙制下合伙人退出所带来的阵痛。这一案例体现出有限合伙制私募基金公司治理中面临的股权转让和合伙人退出难题。

三、基金公司的公司治理制度建设方向

（一）公募基金的公司治理制度建设方向

公募基金公司治理的核心是有效解决投资者、基金公司和基金经理三者之间的双层委托代理问题。构建合理的股权结构、实施股权激励、发挥独立董事的作用和健全基金份额持有人大会制度都是缓解委托代理问题的可行途径。

在股权结构层面，针对中国市场的研究表明，多方制衡的股权结构容易引发控制权纷争和推卸监督责任等问题，不利于公司的平稳运行和长远发展，而"一股独大"的股权结构虽然保证了股东对于基金管理者的强有力监管，但可能导致大股东利益侵占等问题。因此理想的情况是，基金公司需要一个相对控股的大股东承担委任和监督基金管理者的职责，以缓解基金公司与基金经理之间的委托代理问题，同时其余股东需对大股东的行为进行有效监管，防止控股股东利用控制权侵害中小股东的权益。

股权激励制度作为一种稳定长效的人才激励机制，能够激发员工活力、提升团队稳定性、缓解产品短视问题，从而提升基金业绩。但在实践中，股权激励的实施效果也并非全部尽如人意，基金公司在决定是否实施以及如何实施股权激励时，应结合公司股权结构、员工贡

献程度、员工忠诚度、未来战略方向等因素通盘考虑，并合理设计退出机制，使激励机制能够长期发挥作用。此外，独立董事制度和基金份额持有人大会机制在减少内部人控制、保护投资者利益等方面具有优势，也是公募基金公司治理未来的发展方向。

（二）私募基金的公司治理制度建设方向

中国市场上的私募基金多采用公司制或有限合伙制组织形式。在两种组织形式下，私募基金面临的公司治理问题也有所不同。

公司制私募基金因其独立法人地位和有限责任等内在特性，在激励约束和委托代理问题上存在先天缺陷。基金经理作为基金实际管理者难以获得满足预期的收益，同时外部约束监督不足，容易引发道德风险。因此公司制私募基金公司治理的关键在于优化激励机制和强化外部监管。

有限合伙制组织形式通过约定收益分配方式解决了基金管理者激励不足的问题，并通过无限责任对普通合伙人的行为进行有效约束，同时也具备避免双重税费、分配机制灵活等优点。但有限合伙制私募基金的发展受合伙人的个人因素影响较大，当合伙人之间的投资理念和经营方式出现分歧，或合伙人因各种原因需要退出时，私募基金将承受较大的打击。因此，有限合伙制私募基金公司治理的关键在于稳定合伙人结构，并力求合伙人退出时的平稳和高效。近年来蓬勃发展的私募股权二级市场是实现合伙人平稳退出的重要方式，能够助力有限合伙制私募基金的长期稳定运行，减轻合伙人变动或退出对私募基金业务的负面影响。

参考文献

[1] 巴曙松,尹煜.金融衍生品的国际监管改革及其借鉴.河北经贸大学学报,2011(6):5-13.

[2] 蔡海静,汪祥耀,谭超.高送转、财务业绩与大股东减持规模.会计研究,2017(12):45-51+96.

[3] 蔡建春.深化资本市场供给侧结构性改革 更好发挥市场化并购重组主渠道作用.清华金融评论,2019(9):21-23.

[4] 蔡宁,魏明海."大小非"减持中的盈余管理.审计研究,2009(2):40-49.

[5] 曹国华,杜晶.上市公司不同类型股东的大小非减持动因探究——基于最优股权结构模型的研究.南方金融,2011(10):55-59.

[6] 常风林,周慧,岳希明.国有企业高管"限薪令"有效性研究.经济学动态,2017(3):40-51.

[7] 陈彩虹,吴卫军,林朝雯,陈波.提升上市银行的董事履职能力——以中国六大商业银行为例.中国银行业,2019(6):36-39.

[8] 陈德球,胡晴.数字经济时代下的公司治理研究:范式创新与实践前沿.管理世界,2022,38(6):213-240.

[9] 陈德胜,雷家骕,冯宗宪.商业银行公司治理中集中型股权结构的问题与对策综述.当代经济管理,2006(4):87-91.

[10] 陈凌,应丽芬.代际传承:家族企业继任管理和创新.管理世界,2003(6):89-97+155-156.

[11] 陈荣杰.证券公司制度发展、治理结构与风险.北京:清华大学,2007.

[12] 陈信元, 汪辉. 股东制衡与公司价值: 模型及经验证据. 数量经济技术经济研究, 2004 (11): 102-110.

[13] 陈赟. 深刻认识组建国有资本投资运营公司的重大意义. 企业观察家, 2019 (12): 73-75.

[14] 陈运佳, 吕长江, 黄海杰, 丁慧. 上市公司为什么选择员工持股计划?——基于市值管理的证据. 会计研究, 2020 (5): 91-103.

[15] 钏行轩. 四川银行: 踔厉奋发正当时. 四川日报, 2022-03-10.

[16] 戴亦一, 肖金利, 潘越. "乡音"能否降低公司代理成本?——基于方言视角的研究. 经济研究, 2016, 51 (12): 147-160+186.

[17] 邓建平, 曾勇, 何佳. 利益获取: 股利共享还是资金独占?. 经济研究, 2007 (4): 112-123.

[18] 范桂香. 我国股份有限公司治理结构完善研究. 广州: 华南理工大学, 2018.

[19] 费孝通. 乡土中国. 北京: 三联书店, 1947.

[20] 福山. 信任: 社会道德与繁荣的创造. 呼和浩特: 远方出版社, 1998.

[21] 付明德. 从国美之争看公司治理. 企业管理, 2010, 351 (11): 22-24.

[22] 公小凡, 凌子怡, 司琪, 冯小枫. 从包商银行破产事件剖析商业银行面临的风险. 商业文化, 2021 (10): 112-113.

[23] 顾斌, 周立烨. 我国上市公司股权激励实施效果的研究. 会计研究, 2007 (2): 79-84+92.

[24] 郝健, 张明玉, 王继承. 国有企业党委书记和董事长"二职合一"能否实现"双责并履"?——基于倾向得分匹配的双重差分模型. 管理世界, 2021, 37 (12): 195-208.

[25] 郝鹏. 加快实现从管企业向管资本转变形成以管资本为主的国有资产监管体制. 现代国企研究, 2019 (18): 10-15.

[26] 黄荣. 2021中国民营企业500强发布报告. 中国产经, 2021 (19): 51-53.

[27] 黄志忠, 周炜, 谢文丽. 大股东减持股份的动因: 理论和证据. 经济评论, 2009 (6): 67-73+120.

[28] 黄志忠. 所有权性质与高管现金薪酬结构——基于管理权力论的分析. 当代会计评论, 2009, 2 (1): 77-93.

[29] 贾玉革. 金融机构"大而不倒"中的道德风险及其防范. 中央财经大学

学报，2009（8）：40-43.

[30] 姜付秀，申艳艳，蔡欣妮，姜禄彦.多个大股东的公司治理效应：基于控股股东股权质押视角.世界经济，2020，43（2）：74-98.

[31] 姜付秀，郑晓佳，蔡文婧.控股家族的"垂帘听政"与公司财务决策.管理世界，2017（3）：125-145.

[32] 姜付秀.公司治理：基本原理及中国特色.北京：中国人民大学出版社，2022.

[33] 李佳岚，万迪昉，陈楠.交易所治理结构和监管权限对金融创新的影响：理论与实证.管理工程学报，2022，36（4）：1-13.

[34] 李佳伦.商业银行公司治理存在的问题与对策研究.大众投资指南，2021（18）：189-191.

[35] 李明良，陈丽莉.新时代公司制交易所的公司治理研究——基于公司制交易所治理结构的国际比较研究视角.证券法律评论，2018（10）：96-119.

[36] 李宁，刘玉红.大小非减持过程中的盈余管理行为及监管策略.财经问题研究，2009（11）：56-60.

[37] 李儒斌.运转全球市场：金融基础设施的机构治理.中国城市金融，2019（8）：80.

[38] 李若山.对证券市场"零容忍"政策下退市新规的思考——兼对43家退市公司的案例分析.财会月刊，2022（16）：11-17.

[39] 李燕."汇金模式"下国有大型商业银行治理的应然与实然.学术界，2019（12）：64-76.

[40] 梁琪，余峰燕.商业银行混业经营、承销商独立性与IPO质量.世界经济，2014，37（1）：81-105.

[41] 林毅夫，李周.现代企业制度的内涵与国有企业改革方向.经济研究，1997（3）：3-10.

[42] 刘春华.中国证券公司治理探讨.成都：西南财经大学，2008.

[43] 刘芬.中国证券市场服务创新分析.成都：电子科技大学，2008.

[44] 刘江涛.民企公司治理的纠结.中国会计报，2011-04-29.

[45] 刘明彦.系统重要性金融机构监管意见出台，多管齐下防范系统性风险.银行家，2019（1）：30.

[46] 刘培烨.我国基金管理公司股权结构与基金业绩的实证研究.成都：西南财经大学，2019.

[47] 刘亚莉,于丽娟,刘山湄.大股东减持与公司绩效：基于控制权的分析.财会月刊,2010（33）：3-6.

[48] 柳学信,孔晓旭,王凯.国有企业党组织治理与董事会异议——基于上市公司董事会决议投票的证据.管理世界,2020,36（5）：116-133+13.

[49] 楼瑛,姚铮.财务绩效与上市公司大股东减持关系实证研究.经济论坛,2008（12）：115-117.

[50] 吕随启.科创板的推出与股市未来.中国金融,2019（9）：57-58.

[51] 马连福,王元芳,沈小秀.中国国有企业党组织治理效应研究——基于"内部人控制"的视角.中国工业经济,2012（8）：82-95.

[52] 聂堂波.我国证券公司治理现状及存在问题.商业文化（学术版）,2008（10）：20.

[53] 彭超.S农村商业银行公司治理结构优化研究.郑州：郑州大学,2021.

[54] 彭志,肖土盛,赵园.中国资本市场20年内幕交易行为案例综述.财经研究,2017,43（12）：100-120+152.

[55] 钱颖一.企业的治理结构改革和融资结构改革.经济研究,1995（1）：20-29.

[56] 屈超,高鹏.金融开放、证券公司多元化经营与效率.金融与经济,2020（8）：19-26.

[57] 任建军.国有商业银行治理结构与金融风险问题研究.海南金融,2004（11）：15-18.

[58] 桑朝阳.如何理解国有资产监管从"管企业"到"管资本"的新转变？——基于马克思的资本理论.理论月刊,2021（5）：59-65.

[59] 商羽婷.国有券商混合所有制改革的公司治理效应研究.济南：山东大学,2021.

[60] 沈红波,华凌昊,许基集.国有企业实施员工持股计划的经营绩效：激励相容还是激励不足.管理世界,2018,34（11）：121-133.

[61] 苏龙飞.大起底！民生银行20年权力争夺战.新财富杂志,2016（9）.

[62] 田轩,孟清扬.股权激励计划能促进企业创新吗.南开管理评论,2018,21（3）：176-190.

[63] 涂国前,刘峰.制衡股东性质与制衡效果——来自中国民营化上市公司的经验证据.管理世界,2010（11）：132-142+188.

[64] 王聪,宋慧英.中国证券公司股权结构、市场结构与成本效率的实证研

究.金融研究,2012(5):80-92.

[65] 王化成,陈占燎,欧阳才越,王欣.证券公司上市可以提高IPO企业市场表现吗?.管理评论,2021,33(3):3-13.

[66] 王健超.股权结构与绩效.成都:西南财经大学,2006.

[67] 王砾,代昀昊,孔东民.激励相容:上市公司员工持股计划的公告效应.经济学动态,2017(2):37-50.

[68] 王晓涵.基金公司治理结构对基金绩效的影响研究——基于DEA模型的实证研究.现代商业,2022(4):118-120.

[69] 王永.中外合资企业"公司僵局"问题之破解路径.财会月刊,2011(14):20-21.

[70] 魏春燕,陈磊.家族企业CEO更换过程中的利他主义行为——基于资产减值的研究.管理世界,2015(3):137-150.

[71] 吴超鹏,薛南枝,张琦,吴世农.家族主义文化、"去家族化"治理改革与公司绩效.经济研究,2019,54(2):182-198.

[72] 吴敬琏.什么是现代企业制度.改革,1994(1):17-34.

[73] 吴四龙.加强城商行公司治理 夯实高质量发展基石.中国银行业,2019(6):24-27.

[74] 吴秀波.科创板试点注册制改革的成效与挑战——写于科创板开市一周年之际.价格理论与实践,2020(7):27-31+47.

[75] 项安波.重启新一轮实质性、有力度的国企改革——纪念国企改革40年.管理世界,2018,34(10):95-104.

[76] 谢乐斌.制度变迁中的中国证券公司风险行为研究.上海:华东师范大学,2010.

[77] 辛清泉,周静,黄曼丽.信息、身份与公司治理:对外资大股东的一个分析.会计与经济研究,2017,31(5):3-28.

[78] 辛宇,李新春,徐莉萍.地区宗教传统与民营企业创始资金来源.经济研究,2016,51(4):161-173.

[79] 徐细雄.控制权配置、制度环境与家族企业治理转型——基于国美电器"控制权之争"的案例研究.商业经济与管理,2012(5):16-22+30.

[80] 许烺光.祖荫下:中国乡村的亲属、人格与社会流动.台北:南天书局,2001.

[81] 许年行,谢蓉蓉,吴世农.中国式家族企业管理:治理模式、领导模式

与公司绩效. 经济研究, 2019, 54（12）: 165-181.

[82] 许永斌, 惠男男. 家族企业代际传承的情感价值动因分析. 会计研究, 2013（7）: 77-81+97.

[83] 薛爽, 王禹. 科创板 IPO 审核问询回复函与首发抑价. 管理世界, 2022, 38（4）: 185-203.

[84] 严若森, 吴梦茜. 二代涉入、制度情境与中国家族企业创新投入——基于社会情感财富理论的研究. 经济管理, 2020, 42（3）: 23-39.

[85] 杨席. 金融危机背景下中国证券公司的治理及其完善. 区域金融研究, 2009（6）: 17-21.

[86] 叶林. 公司治理制度: 理念、规则和实践. 北京: 中国人民大学出版社, 2021.

[87] 雍红艳, 张乐园, 张浩. 员工持股计划与 CEO 更迭: 留住精英还是加剧内部人盘踞?. 南方金融, 2021（12）: 34-46.

[88] 俞鸿琳. 国有上市公司管理者股权激励效应的实证检验. 经济科学, 2006（1）: 108-116.

[89] 袁达松, 卢伊丽. 系统重要性金融机构监管法律问题研究. 政治与法律, 2013（2）: 136-143.

[90] 袁渊. 大股东减持影响因素的理论和实证分析. 中国会计评论, 2010, 8（4）: 463-484.

[91] 张晨, 黄朔, 卢丁, 华演, 李君. 中央对手清算的理论和实践. 国际金融, 2020（3）: 11-19.

[92] 张华, 张俊喜, 宋敏. 所有权和控制权分离对企业价值的影响——我国民营上市企业的实证研究. 经济学（季刊）, 2004（S1）: 1-14.

[93] 张耀杰, 李杰刚, 史本山. 企业与证券公司的股权关联对企业并购的影响. 管理评论, 2020, 32（8）: 29-39.

[94] 张志红. 中国证券公司治理研究. 上海: 复旦大学, 2005.

[95] 赵晶, 张书博, 祝丽敏. 传承人合法性对家族企业战略变革的影响. 中国工业经济, 2015（8）: 130-144.

[96] 赵景文, 于增彪. 股权制衡与公司经营业绩. 会计研究, 2005（12）: 59-64+96.

[97] 赵宜一, 吕长江. 亲缘还是利益?——家族企业亲缘关系对薪酬契约的影响. 会计研究, 2015（8）: 32-40+96.

[98] 赵子乐，林建浩.海洋文化与企业创新——基于东南沿海三大商帮的实证研究.经济研究，2019，54（2）：68-83.

[99] 郑志刚，胡晓霁，黄继承.超额委派董事、大股东机会主义与董事投票行为.中国工业经济，2019（10）：155-174.

[100] 郑志刚，刘兰欣.所有者缺位与国企混合所有制改革的突破方向.经济管理，2022，44（2）：5-16.

[101] 郑志刚，石丽娜，黄继承，郭杰.中国上市公司"小股民行动"现象的影响因素与经济后果.世界经济，2019，42（1）：170-192.

[102] 郑志刚，朱光顺，李倩，黄继承.双重股权结构、日落条款与企业创新——来自美国中概股企业的证据.经济研究，2021，56（12）：94-110.

[103] 郑志刚.国企混改：理论、模式与路径//中国企业改革与发展研究会.中国企业改革发展优秀成果2020（第四届）：上卷.北京：中国商务出版社，2020：518-529.

[104] 郑志刚.实控人为何喜欢超额委派董事？.董事会，2022（9）：70-72.

[105] 郑志刚.对公司治理内涵的重新认识.金融研究，2010（8）：184-198.

[106] 郑志刚.国企混改的逻辑、路径与实现模式选择.中国经济报告，2020（1）：54-67.

[107] 郑志刚.金融企业治理：如何有效利用"当地信息"？.董事会，2020（5）：76-77.

[108] 郑志刚.中国公司治理的理论与证据.北京：北京大学出版社，2016.

[109] 周学东.中小银行金融风险主要源于公司治理失灵——从接管包商银行看中小银行公司治理的关键.中国金融，2020（15）：19-21.

[110] 朱茶芬，陈超，李志文.信息优势、波动风险与大股东的选择性减持行为.浙江大学学报（人文社会科学版）预印本，2009（3）：19-28.

[111] 朱沆，Kushins，E.，周影辉.社会情感财富抑制了中国家族企业的创新投入吗?.管理世界，2016（3）：99-114.

[112] 朱红军，汪辉."股权制衡"可以改善公司治理吗？——宏智科技股份有限公司控制权之争的案例研究.管理世界，2004（10）：114-123+140.

[113] 朱晓文，吕长江.家族企业代际传承：海外培养还是国内培养?.经济研究，2019，54（1）：68-84.

[114] 祝振铎，李新春，赵勇.父子共治与创新决策——中国家族企业代际传承中的父爱主义与深谋远虑效应.管理世界，2021，37（9）：191-

206+232+207.

[115] Acemoglu, D. Reward structures and the allocation of talent. *European Economic Review*, 1995, 39(1): 17-33.

[116] Alchian, A. A., Demsetz, H.Production, information costs, and economic organization. *American Economic Review*, 1972, 62（5）: 777-795.

[117] Allred, B. B., Park, W. G. The influence of patent protection on firm innovation investment in manufacturing industries. *Journal of International Management*, 2007, 13(2): 91-109.

[118] Anderson, R. C., Reeb, D. M. Founding-family ownership and firm performance: evidence from the S&P 500. *The Journal of Finance*, 2003, 58(3): 1301-1328.

[119] Anderson, R. C., Reeb, D. M. Founding-family ownership, corporate diversification, and firm leverage. *The Journal of Law and Economics*, 2003, 46(2): 653-684.

[120] Aoki, M. A model of the firm as a stockholder-employee cooperative game. *American Economic Review*, 1980, 70（4）: 600-610.

[121] Bae, K. H., Kang, J. K., Kim, J. M. Tunneling or value added? Evidence from mergers by Korean business groups. *The Journal of Finance,* 2002, 57(6): 2695-2740.

[122] Baek, J. S., Kang, J. K., Lee, I. Business groups and tunneling: evidence from private securities offerings by Korean chaebols. *The Journal of Finance*, 2006, 61(5): 2415-2449.

[123] Bebchuk, L. A., Roe, M. J. A theory of path dependence in corporate ownership and governance. *Stanford Law Review*, 1999, 52(1): 127-170.

[124] Bennedsen, M., Fan, J. P. H., Jian, M., et al. The family business map: framework, selective survey, and evidence from Chinese family firm succession. *Journal of Corporate Finance*, 2015, 33: 212-226.

[125] Berglöf, E., Pajuste, A. Emerging owners, eclipsing markets? Corporate governance in Central and Eastern Europe. // Cornelius, P.K., Kogut, B. *Corporate Governance and Capital Flows in a Global Economy*. Oxford: Oxford University Press, 2003: 267-304.

[126] Berle, A. A., Means, G. *The Modern Corporation and Private Property*.

New York: Macmillan Publishing Co., 1932.

[127] Bertrand, M., Mehta, P., Mullainathan, S. Ferreting out tunneling: an application to Indian business groups. *The Quarterly Journal of Economics*, 2002, 117(1): 121-148.

[128] Blair, M. M. Corporate ownership. *Brooking Review*, 1995（13）: 16-19.

[129] Bolton, P, Von Thadden, E L. Blocks, liquidity, and corporate control. *The Journal of Finance*, 1998, 53(1): 1-25.

[130] Bolton, P., Von Thadden, E. L. The ownership structure of firms: the liquidity/control trade off. Brussels: Universite Libre de Bruxelles, 1995.

[131] Burkart, M., Gromb, D., Panunzi, F. Large shareholders, monitoring, and the value of the firm. *The Quarterly Journal of Economics*, 1997, 112（3）: 693-728.

[132] Burkart, M., Panunzi, F., Shleifer, A. Family firms. *The Journal of Finance,* 2003, 58(5): 2167-2201.

[133] Chang, S. J., Shim, J. When does transitioning from family to professional management improve firm performance?. *Strategic Management Journal*, 2015, 36(9): 1297-1316.

[134] Chen, X., Cheng, Q., Dai, Z. Family ownership and CEO turnovers. *Contemporary Accounting Research*, 2013, 30(3): 1166-1190.

[135] Claessens, S., Djankov, S., Lang, L. H. P. The separation of ownership and control in East Asian corporations. *Journal of Financial Economics*, 2000, 58(1-2): 81-112.

[136] Cohen, L., Malloy, C., Pomorski, L. Decoding inside information. *The Journal of Finance*, 2012, 67(3): 1009-1043.

[137] Cucculelli, M., Micucci, G. Family succession and firm performance: evidence from Italian family firms. *Journal of Corporate Finance*, 2008, 14(1): 17-31.

[138] Demsetz, H., Lehn, K. The structure of corporate ownership: causes and consequences. *Journal of political economy*, 1985, 93(6): 1155-1177.

[139] Eisenhardt, K. M. Agency theory: an assessment and review. *Academy of Management Review*, 1989, 14(1): 57-74.

[140] Faccio, M., Lang, L. H. P. The ultimate ownership of Western European

corporations. *Journal of Financial Economics*, 2002, 65(3): 365-395.

[141] Fahlenbrach, R. Founder-CEOs, investment decisions, and stock market performance. *Journal of Financial and Quantitative Analysis*, 2009, 44(2): 439-466.

[142] Fama, E. F., Jensen, M. C. Separation of ownership and control. *Journal of Law and Economics*, 1983,26（2）: 301-325.

[143] Fried, J. M., Kamar, E., Yafeh, Y. The effect of minority veto rights on controller pay tunneling. *Journal of Financial Economics*, 2020, 138(3): 777-788.

[144] Glaeser, E. L., Shleifer, A. Not-for-profit entrepreneurs. *Journal of Public Economics*, 2001, 81(1): 99-115.

[145] Gómez-Mejía, L. R., Haynes, K. T., Núñez-Nickel, M., et al. Socioemotional wealth and business risks in family-controlled firms: evidence from Spanish olive oil mills. *Administrative Science Quarterly,* 2007, 52(1): 106-137.

[146] Granovetter, M. The impact of social structure on economic outcomes. *Journal of Economic Perspectives*, 2005, 19(1): 33-50.

[147] Hart, O. Financial contracting. *Journal of Economic Literature*, 2001, 39(4): 1079-1100.

[148] Holmstrom, B. Moral hazard in teams. *The Bell Journal of Economics*, 1982, 13（2）: 324-340.

[149] Holmstrom, B., Costa, J. R. I. Managerial incentives and capital management. *The Quarterly Journal of Economics*, 1986, 101(4): 835-860.

[150] Islam, E., Zein, J. Inventor CEOs. *Journal of Financial Economics*, 2020, 135(2): 505-527.

[151] Jensen, M. C., Meckling, W. H. Theory of the firm: managerial behavior, agency costs and ownership structure. *Journal of Financial Economics*, 1976, 3（4）:305-360.

[152] Johnson, S., La Porta, R., Lopez-de-Silanes, F., et al. Tunneling. *American Economic Review*, 2000, 90(2): 22-27.

[153] Kallunki, J. P., Nilsson, H., Hellström, J. Why do insiders trade? Evidence based on unique data on Swedish insiders. *Journal of Accounting and Economics*, 2009，48(1)：37-53.

[154] Kim, J., Valentine, K. The innovation consequences of mandatory patent disclosures. *Journal of Accounting and Economics*, 2021, 71(2-3): 101381.

[155] La Porta, R., Lopez-de-Silanes, F., Shleifer, A. Corporate ownership around the world. *The Journal of Finance*, 1999, 54(2): 471-517.

[156] Lee, E., Piqueira, N. Behavioral biases of informed traders: evidence from insider trading on the 52-week high. *Journal of Empirical Finance*, 2019, 52(C): 56-75.

[157] Morck, R., Yeung, B., Yu, W. The information content of stock markets: why do emerging markets have synchronous stock price movements?. *Journal of Financial Economics*, 2000, 58(1-2): 215-260.

[158] Mullins, W., Schoar, A. How do CEOs see their roles? Management philosophies and styles in family and non-family firms. *Journal of Financial Economics*, 2016, 119(1):24-43.

[159] Myers, S. Determinants of corporate borrowing. *Journal of Financial Economics*, 1977, 5(2): 147-175.

[160] Peng, W. Q., Wei, K. C. J., Yang, Z. Tunneling or propping: evidence from connected transactions in China. *Journal of Corporate Finance*, 2011, 17(2): 306-325.

[161] Polanyi, K. *The Great Transformation*. Boston:Beacon Press, 1957.

[162] Porta, R. L., Lopez-de-Silanes, F., Shleifer, A., et al. Law and finance. *Journal of political economy*, 1998, 106(6): 1113-1155.

[163] Shleifer, A., Vishny, R. W. A survey of corporate governance. *Journal of Finance*, 1997,52（2）: 737-783.

[164] Shleifer, A., Vishny, R. W. Large shareholders and corporate control. *Journal of political economy*, 1986, 94(3, Part 1): 461-488.

[165] Villalonga, B., Amit, R. How do family ownership, control and management affect firm value?. *Journal of Financial Economics*, 2006, 80(2): 385-417.

[166] Wurgler, J. Financial markets and the allocation of capital. *Journal of Financial Economics*, 2000, 58(1-2): 187-214.

[167] Zelizer, V. A. Beyond the polemics on the market: establishing a theoretical and empirical agenda. *Sociological Forum*, 1988(3): 614-634.

图书在版编目（CIP）数据

现代公司治理制度建设 / 黄继承著. -- 北京：中国人民大学出版社，2024.1
（中国现代财税金融体制建设丛书）
ISBN 978-7-300-31571-3

Ⅰ.①现… Ⅱ.①黄… Ⅲ.①公司—企业管理制度—研究—中国 Ⅳ.①F279.246

中国国家版本馆CIP数据核字（2023）第055925号

中国现代财税金融体制建设丛书
现代公司治理制度建设
黄继承　著
Xiandai Gongsi Zhili Zhidu Jianshe

出版发行	中国人民大学出版社		
社　　址	北京中关村大街31号	邮政编码	100080
电　　话	010-62511242（总编室）	010-62511770（质管部）	
	010-82501766（邮购部）	010-62514148（门市部）	
	010-62515195（发行公司）	010-62515275（盗版举报）	
网　　址	http://www.crup.com.cn		
经　　销	新华书店		
印　　刷	涿州市星河印刷有限公司		
开　　本	720 mm × 1000 mm　1/16	版　次	2024年1月第1版
印　　张	12.25　插页1	印　次	2024年1月第1次印刷
字　　数	151 000	定　价	68.00元

版权所有　　侵权必究　　印装差错　　负责调换